心一堂易學術數古籍整理叢刊
京氏易六親占法古籍校注系列

《周易尚占》校注

【元】李清庵 原著
虎易 校注

書名：《周易尚占》校注
系列：心一堂易學術數古籍整理叢刊　京氏易六親占法古籍校注系列
原著：【元】李清庵
校注：虎易
編輯：陳劍聰
出版：心一堂有限公司
通訊地址：香港九龍旺角彌敦道610號荷李活商業中心十八樓05-06室
深港讀者服務中心：中國深圳市羅湖區立新路六號羅湖商業大厦負一層008室
電話號碼：(852)90277110
網址：publish.sunyata.cc
電郵：sunyatabook@gmail.com
網店：http://book.sunyata.cc
淘宝店地址：https://sunyata.taobao.com
微店地址：https://weidian.com/s/1212826297
臉書：https://www.facebook.com/sunyatabook
讀者論壇：http://bbs.sunyata.cc

版次：二零二二年四月初版

平裝

定價：港幣　一百三十八元正
　　　新台幣　五百八十元正

國際書號　978-988-8582-03-7

香港發行：香港聯合書刊物流有限公司
地址：香港新界荃灣德士古道220-248號荃灣工業中心16樓
電話：(852) 2150 2100　傳真：(852) 2407 3062
電郵：info@suplogistics.com.hk
網址：http://www.suplogistics.com.hk

台灣發行：秀威資訊科技股份有限公司
地址：台灣台北市內湖區瑞光路七十六巷六十五號一樓
電話號碼：+886-2-2796-3638　傳真號碼：+886-2-2796-1377
網絡書店：www.bodbooks.com.tw
台灣秀威書店讀者服務中心：
地址：台灣台北市中山區松江路二0九號1樓
電話號碼：+886-2-2518-0207
傳真號碼：+886-2-2518-0778
網址：www.govbooks.com.tw

中國大陸發行 零售：深圳心一堂文化傳播有限公司
地址：深圳市羅湖區立新路六號羅湖商業大厦負一層008室
電話號碼：(86)0755-82224934

心一堂微店二維碼

心一堂淘寶店二維碼

《京氏易六親占法古籍校注》總序（代自序）

中國古代的占卜預測，源遠流長，林林總總，類型繁多。例如：龜卜占、象占、星占、夢占、風角鳥占、拆字占、手面相占、奇門、六壬、太乙、四柱八字、六爻占、六親占、梅花易占、紫微占、雜占等各種術數占卜預測方法。《左傳》、《國語》、《史記》以及二十五史和各種古代筆記等著作，就記錄有很多預測的占例。清代《欽定四庫全書》，將各種預測類的書籍，統歸於《子部•術數類》，因此，各種預測的方法和門類，又可統稱為「術數」。「京氏易六親占法」，就是這些術數中的一個獨立的預測種類。

（一）

「京氏易六親占法」，是西漢•京房創立的以易經為基礎，採用納甲、五行、六親等各種體例，納入卦中的一種預測方法，也是各種術數中比較系統和成熟的方法。據《漢書•眭兩夏侯京翼李傳》記載：「京房字君明，東郡頓丘人也。治《易》，事梁人焦延壽」。又曰：「房本姓李，推律自定為京氏」。又曰：「其說長於災變，分六十四卦，更直日用事，以風雨寒溫為候，各有占驗。房用之尤精。好鐘律，知音聲」。《漢書•儒林傳》曰：「京房受《易》梁人焦延壽。延壽云：『嘗從孟喜問《易》』。會喜死，房以為延壽《易》即孟氏學，翟牧、白生不肯，皆曰非也。至成帝時，劉向校書，考《易》說，以為諸《易》家說皆祖田何、楊叔元、丁將軍，大誼略同，唯京氏為異，倘焦延壽獨得隱士之說，托之孟氏，不相與同。房以明災異得幸，為石顯所譖誅，自有傳。房授東海殷嘉、河東姚平、河南乘弘，皆為郎、博士。由是《易》有京氏之學」。「自武帝立《五經》博士，開弟子員，設科射策，勸以官祿」。「至元帝世，復立《京氏易》」。「京氏易」在漢代元帝時被立為博士，足以證明其學說，是當時具有很高學術地位和學術價值的。

《欽定四庫全書》提要記載：「《京氏易傳》三卷，漢・京房撰、吳・陸績注」。「績有易注，已著錄房所著有《易傳》三卷，《周易章句》十卷，《周易錯卦》十卷，《周易妖占》十二卷，《周易占事》十二卷，《周易守株》三卷，《周易飛候》九卷，又六卷《周易飛候》，《六日七分》八卷，《周易四時候》四卷，《周易混沌》四卷，《周易委化》四卷，《周易逆刺占災異》十二卷，《易傳積算法、集占條例》一卷。今惟《易傳》存」。從以上記錄可以知道，京房的著作，唯有《京氏易傳》得以保存下來，絕大多數都已經亡佚。

南宋・晁公武（約1104—約1183年）《郡齋讀書志》曰：「景迂嘗曰：余自元豐壬戌偶脫去舉子事業，便有志學易，而輒好王氏。本妄以謂弼之外，當自有名象者，果得京氏傳。而文字顛倒舛訛，不可訓知。迨其服習甚久，漸有所窺，今三十有四年矣，乃能以其象數，辨正文字之舛謬。於邊郡山房寂寞之中，而私識之曰：是書兆《乾》《坤》之二象以成八卦，凡八變而六十有四。於其往來升降之際，以觀消息盈虛於天地之元，而酬酢乎萬物之表者，炳然在目也」。從以上記錄可知，目前傳世的《京氏易傳》，是北宋·晁景迂經歷三十四年的研究後，重新編排整理成書的。

唐宋以前記錄有「京氏易六親占法」相關資料，惟有元代胡一桂收錄的晉代郭璞的《郭氏洞林》了。

《火珠林》是目前存世的「京氏易六親占法」的第一本系統性著作，作者題為「麻衣道者」，後人據此認為，大約是唐末宋初的作品。宋人項世安（1129－1208）謂：「以京房考之，世所傳《火珠林》即其遺法，《火珠林》即交單重拆也」。張行成亦謂：「《火珠林》之用，祖於京房」。《朱子語類》曰：「卜卦之錢，用甲子起卦，始於京房」。又云：「今人以三錢當揲蓍，乃漢·焦贛、京房之學」。

自《京氏易傳》、《火珠林》重新問世，其後宋、元、明、清時期，又有《卜筮元龜》、《海底眼》、《天玄賦》、《黃金策》、《易林補遺》、《易隱》、《易冒》、《增刪卜易》、《卜筮正宗》等著作，以及《卜筮全書》、《斷易天機》、《易隱》等輯錄本著作面世，經歷代作者不斷實踐，修改、注釋、補遺，使「京氏易六親占法」這種優秀的文化遺產，得以不斷傳承和完善。

（二）

為了讓讀者對「京氏易六親占法」系列古籍著作，有個初步的瞭解，下面對選擇、注釋和整理的「京氏易六親占法」系列古籍著作，選擇的校錄版本及內容，做一個簡單的介紹，供讀者參考。

京氏易六親占法古籍著作叢書之一《京氏易傳》：

作者：漢•京房：（公元前77年—前37年。）據【明•兵部侍郎范欽訂】「天一閣」本，作為校錄底本，參考《漢魏叢書•明•新安程榮校》本，及《欽定四庫全書》，校注整理。字數大約4.1萬。

《京氏易傳》，是漢代•京房的著作，據《郡齋讀書志》晁公武曰：「漢《藝文志》易京氏凡三種，八十九篇。隋《經籍志》有《京氏章句》十卷，又有《占候》十種，七十三卷。唐《藝文志》有《京氏章句》十卷，而《易占候》存者五種，二十三卷。今其章句亡矣。乃略見於僧一行及李鼎祚之書。今傳者曰《京氏積算易傳》三卷，《雜占條例法》一卷，或共題《易傳》四卷，而名皆與古不同。今所謂《京氏易傳》者，或題曰《京氏積算易傳》者，疑隋、唐《志》之《錯卦》是也。《雜占條例法》者，疑唐《志》之《逆刺占災異》是也。《錯卦》在隋七卷，唐八卷，所謂《積算》《雜》《逆刺占災異》十二卷是也。至唐，《逆刺》三卷，而亡其八卷。元佑八年，高麗進書，有《京氏周易占》十卷，疑隋《周易占》十二卷是也。是古易家有書，而無傳者多矣。京氏之書，幸而與存者才十之一，尚何離夫師說邪」？目前京房的著作，繼續傳世的僅《京氏易傳》，其他著作均已亡佚。《京氏易傳》構建了「京氏易六親占法」的的理論基礎，以及六親體系架構，為該占法提供了理論和體系上的重要框架。

京氏易六親占法古籍著作叢書之二（一）《郭氏洞林》

作者：晉•郭璞：（公元276年—324年）。元•胡一桂抄錄。據《欽定四庫全書•周易啟蒙翼傳•外篇》本，作為校錄底本，參考《欽定古今圖書集成》理學彙編經籍典•易經部•易學別傳十一•晉《郭璞洞林》，校注整理。字數大約0.8萬。

《郭氏洞林》是最早集錄郭璞卦例的著作，其收錄的十三個卦例，對於後來的學者，研究郭璞的占法及其思路，是很好的原始資料，對於研究郭璞的易學思想和占法，具有一定的參考價值。

京氏易六親占法古籍著作叢書之二（二）《周易洞林》：

作者：晉•郭璞：（公元276年—324年）。清•王謨輯。據清嘉慶3年王謨刻本，作為校錄底本，校注整理。字數大約1.4萬。

《周易洞林》在《郭氏洞林》的基礎上，又從其他古籍中，收錄了一些關於郭璞的卦例和事例，對於研究郭璞的思想和占法，具有一定的參考價值。

京氏易六親占法古籍著作叢書之三《易洞林》：

作者：晉•郭璞：（公元276年—324年）。清•馬國翰輯。據虛白廬藏娜嬛館補校本，即《玉函山房輯佚書》本，作為校錄底本，校注整理。字數大約2.4萬。

《易洞林》也是在《郭氏洞林》和《周易洞林》的基礎上，又從其他古籍中，收錄了一些關於郭璞的卦例和事例，對於研究郭璞的思想和占法，具有一定的參考價值。

京氏易六親占法古籍著作叢書之四《火珠林》：

作者：麻衣道者。相傳為唐末宋初時期的著作。據虛白廬藏《漢鏡齋秘書四種•火珠林》本，作為校錄底本，校注整理。字數大約5.9萬。

《火珠林》這本著作的問世，為「京氏易六親占法」的應用，提供了第一本系統的著作。該著作對京氏易的體例進行了論述，也用一些占例，解說了「京氏易六親占法」的應用方法，本書對於研究「京氏易六親占法」，具有很高的學術價值，也具有很重要的研究和參考價值。

京氏易六親占法古籍著作叢書之五《增注周易神應六親百章海底眼》，簡稱《增注海底眼》：

作者：王鼒；重編：何侁、信亨。南宋•淳佑（甲辰年•公元1244年）。據《續修四庫全書》一〇五五冊•子部•術數類《增注周易神應六親百章海底眼》本，作為校錄底本，參考「國家圖書館•古籍館」清代抄本，校注整理。字數大約2萬。

《增注海底眼》這本著作，著重論述了一些基本概念和知識，以及五行的對應方法和應用，並編製大量歌訣，幫助讀者理解和記憶。特別是對六親的概念，進行了重點論述，本書是「京氏易六親占法」體系中的一本重要著作，對於研究「京氏易六親占法」传承，具有比較重要的研究和參考價值。

京氏易六親占法古籍著作叢書之六《大易斷例卜筮元龜》，簡稱《卜筮元龜》：

作者：元•蕭吉文。元•大德十一年（丁未年•公元1307年）。據日本京都大學附屬圖書館《大易斷例卜筮元龜》手抄本上卷本，作為校錄底本，參考《斷易天機》輯錄資料，校注整理。字數大約9.5萬。

《卜筮元龜》這本著作，在國內基本已經失傳了，這次是根據日本京都大學附屬圖書館《大易斷例卜筮元龜》手抄本，校對注釋整理的。該著作首次附入大量配圖，補充了「京氏易六親占法」應用的很多基礎知識和概念，並首次提出了「以錢代蓍法」的成卦方法，將「京氏易六親占法」占卜預測分門別類，作了進一步的細化，本書也是「京氏易六親占法」體系中的一本重要著作，對於研究「京氏易六親占法」传承，具有很重要的研究和參考價值。

京氏易六親占法古籍著作叢書之七《周易尚占》：

作者：元•李清庵。元•大德十一年（丁未年•公元1307年）。據明刻本《亦政堂鐫陳眉公家藏彙祕笈》（輯入《心一堂術數珍本古籍叢刊•占筮類》），作為校錄底本，校注整理。字數大約4.2萬。

《周易尚占》這本著作，是與《卜筮元龜》為同一時期的作品，首次附入十幅配圖，補充了「京氏易六親占法」應用的一些基礎知識和概念，下卷有六十四卦納甲、世應等內容，並有六十四卦的詩歌斷例，具有一定的參考價值。

京氏易六親占法古籍著作叢書之八《新鍥纂集諸家全書大成斷易天機》，又稱為《增補鬼谷源流斷易天機》（寶善堂梓行），簡稱《斷易天機》：

作者：明•劉世傑。明•嘉靖十七年（戊戌年•公元1538年）。豫錦誠•徐紹錦校正；閩書林•鄭雲齋梓行本，作為校錄底本，參考《卜筮元龜》、《卜筮全書》等著作，校注整理。字數大約39.6萬。

《斷易天機》這本著作的初版，在國內基本已經失傳了，這次是根據心一堂據日本傳本影印版校對注釋整理的。本書是「京氏易六親占法」的第二個匯輯本，收錄了此前「京氏易六親占法」各種著作，各種基礎知識理論和實踐方法內容，特別是首次出現了「鬼谷辨爻法」這種六親爻位的對應方法，為「京氏易六親占法」的應用，提供了預測分析的思路，擴展了預測分析的信息。這本著作，是「京氏易六親占法」系列古籍中的一本重要著作，對於研究「京氏易六親占法」傳承，具有很重要的研究和參考價值。

京氏易六親占法古籍著作叢書之九《易林補遺》：

作者：明•張世寶。萬曆三十四年（丙午年•公元1306年）。據《易林補遺》初版本，作為校錄底本，校注整理。字數大約14.5萬。

《易林補遺》這本著作，對「京氏易六親占法」以前各種著作的缺失，進行了一些分析和補充。作者雖然是一個盲人，但不迷信於鬼神，根據當時社會上普遍存在的有病則求神問卜的現象，他主張有病應該找醫生治療，避免殘害生命以及造成錢財的浪費。他提出了「爻有伏有飛，伏無不用」的論述，把「飛伏」的應用方法，更加彰顯出來。並成功的將「反吟」、「伏吟」的概念，納入「京氏易六親占法」體系，使這個體系的應用更加完備。

京氏易六親占法古籍著作叢書之十《卜筮全書》：

作者：明•姚際隆。崇禎三年（庚午年•公元1630年）。據《卜筮全書》初版本，作為校錄底本，校注整理。字數大約34.8萬。

《卜筮全書》這本著作，是「京氏易六親占法」的第一個匯輯本，首次正式納入了《天玄賦》這本著作。現存的書籍，是後來修訂的版本，首次正式納入了《黃金策》，對京氏易占法的理論和實踐體系，比較全面的進行了彙編，具有很重要的研究和參考價值。

京氏易六親占法古籍著作叢書之十一《易隱》：

作者：明•曹九錫（明•天啟五年前後•公元1625年前後）。據「國家圖書館•古籍館」最早版本，作為校錄底本，參考清代多個版本，校注整理。字數大約21.3萬。

《易隱》這本著作，應該是「京氏易六親占法」的第三個匯輯本，書中引錄了大量古籍資料。特別是其中「身命占」和「家宅占」的內容，將預測分類更細，也為後來的學者，提供了一個細化分析的基本框架，具有重要的研究價值。

京氏易六親占法古籍著作叢書之十二《易冒》：

作者：清•程良玉。清•康熙三年（甲辰年•公元1664年）。據江蘇巡撫採進本，作為校錄底本，校注整理。字數大約12.7萬。

《易冒》這本著作，作者雖然也是一位盲人，但他對於很多基礎知識，進行追本求源，並對其來源及推演方法，進行了論述。對於各種成卦方式，他提出了自己的看法，對幫助讀者打破迷信，樹立客觀的思想，起到重要作用。本書在學術研究上，具有一定的價值。

京氏易六親占法古籍著作叢書之十三《增刪卜易》：

作者：清•李文輝。清•康熙二十九年（庚午年•公元1690年）。據清•康熙年間古吳陳長卿刻本《增刪卜易》爲底本，作為校錄底本，校注整理。字數大約25.2萬。

《增刪卜易》這本著作，對「京氏易六親占法」的應用，化繁為簡，提出採用指占之法，讓信息直接切入預測的核心。又提出分占之法，便於釐清不易辨別的問題，避免信息產生混淆。同時，還提出了多占之法，用以追蹤求測人所疑，查找產生問題的原因，尋找出解決問題的方法。當設計出解決問題的方法後，還可以檢驗其是否具有解決問題的功能。本書在學術研究上，具有一定的價值。

京氏易六親占法古籍著作叢書之十四《卜筮正宗》：

作者：清•王洪緒。清•康熙四十八年（己丑年•公元1709年）。據清初刻本，作為校錄底本，校注整理。字數大約21.8萬。

《卜筮正宗》這本著作，對《黃金策》的注釋部分，有自己獨特的見解。對當時社會上存在的一些問題，也做出了自己的回答。對十八個類型的問題，也進行了論述。不足之處，在於作者為了強求對應，篡改了《增刪卜易》一些卦例的原始內容，這些需要讀者注意的。

京氏易六親占法古籍著作叢書之十五《御定卜筮精蘊》：

作者不詳，大約是清代的版本。據《故宮珍本叢刊》本，作為校錄底本，校注整理。字數大約7.5萬。

《御定卜筮精蘊》這本著作，是「京氏易六親占法」體例的一個精編本，大量內容都是從之前的古籍中來。作者去粗取精，去偽存真，也是具有一定研究價值的著作。

【編按：以上大部分版本，輯入《心一堂易學經典叢刊》或《心一堂術數古籍珍本叢刊》】

（三）

我為什麼要把這些古籍著作，定名為「京氏易六親占法」呢？我這樣做，既是為了統一學術稱謂，也是為了給「京氏易」正名，使「京氏易」占法不至於与其他占卜方式混淆。

《京氏易傳》是將六十四卦，分屬乾、震、坎、艮、坤、巽、離、兌八宮，一宮統八卦。八宮所屬五行，乾、兌宮屬金，震、巽宮屬木，坎宮屬水，離宮屬火，坤、艮宮屬土。每個卦所附「父母、官鬼、兄弟、子孫、妻財」等六親，是根據這個卦原來所屬之宮的五行，按「生我者為父母、我生者為子孫、尅我者為官鬼、我尅者為妻財、比和者為兄弟」的體例，推演得來的。預測時以六親類比事物的爻，也稱為「用神」，「用爻」，「用事爻」等等，用來分析事物的吉凶發展趨勢。

《火珠林•序》曰：「繼自四聖人後，易卜以錢代蓍，法後天八宮卦，變以致用，實補前人未備之一端，見《京房易傳》，未詳始自何人。先賢云：『後天八宮卦，變六十四卦，即《火珠林》法』，則是書當為錢卜所宗仰也，特派衍支分，人爭著述，炫奇標異，原旨反晦。今得麻衣道者鈔本，反覆詳究。其論六親，財官輔助，合世應、日月、飛伏、動靜，並尅害、刑合、墓旺、空沖以定斷。與時傳易卜，同中有異，古法可參。如所云『卦定根源，六親為主，爻究傍通，五行而取』，即《京君明海底眼》『不離元宮五向推』之旨也」。

《增注海底眼•六親》曰：「六親占法少人知，不離元宮五向推」。本書提出「六親占法」的概念，我認為「六親占法」是最能代表京氏易預測體系特徵的名稱，比之「納甲占法」和「六爻占法」的說法，更為名實相符，客觀合理一些。

基於京氏易預測體系的特徵，我認為，凡採用京氏易體系預測理論及方法，就應該稱為「京氏易六親占法」，或者稱為「京氏易六親預測法」，或簡稱為「六親占法」、「六親預測法」為宜。

《論語•子路》曰：「子曰：『必也正名乎』」，「名不正，則言不順；言不順，則事不成」。經歷了二十多年的混亂，現在是到了應該為「京氏易六親占法」正名的時候了。為什麼要為「京氏易六親占法」正名呢？只有名正，實符，稱謂統一，大家交流才會順暢，有共同語言，理解才不會產生歧義，進行學術的研究才能進入正軌。同時，也可以讓後來的學習者，不被社會上各種廣告性名詞所欺騙和誤導。

從古至今，都有學者提出以「納甲」命名的名稱，他們是根據「京氏易」體系，將每個卦納入天干的特徵而命名的。我們知道，京氏易體系，除了納入天干，還有納入地支，五星，二十八宿，六親等各種內容，而「納甲」并非是具有「京氏易」占法主要特徵的名稱。當然，也有占卜書籍，根據採用金錢搖卦的起卦方式，命名為「金錢占卦法」的。

上世紀九十年代後，社會上「大師輩出」，他們提出很多新奇的名詞，比如什麼「太極預測法」、「無極預測法」。我們看看《漢典》對「太極」和「無極」的解釋：古代哲學家稱最原始的混沌之氣為「太極」。天地混沌未分以前，稱為「太極」。「中國古代哲學中認為形成宇宙萬物的本原。以其無形無象，無聲無色，無始無終，無可指名，故曰無極」。從《漢典》的解釋看，很顯然，這兩種命名與「京氏易」預測方式是不吻合的，這樣的名詞，只是為了吸引讀者眼球，採用新奇的名詞而已。

至於社會上還流傳的「六爻預測法」、「新派六爻法」、「盲派六爻」、「道家六爻」，「道家換宮六爻」等等名稱，不一而足，無非是為了標新立異。以上各種名稱，以簡稱「六爻」者為多，因此，「六爻」這個名詞，就成為民間大眾對「京氏易六親占法」的俗稱了。

「六爻」這個名稱，是以卦有六個爻的特徵命名，是古代經學的代表名稱，在「京氏易」占法中，並不具有代表性。我們應該知道，古人經學所稱的「六爻占」法，是採用卦爻辭和象辭進行預測的方法，如《新鍥纂集諸家全書大成斷易天機》第三、四卷，其中就有「六爻詩斷」的內容，讀者可以參閱。

還有人將「京氏易六親占法」體系的預測方法，分成什麼「傳統派」、「新派」、「象法派」、「理法派」、「盲派」等等，這些名稱，只能是某一個類型的表示，與京氏易採用「象數理占」為一體的預測方式，是不能類比的。

由於社會上紛紛擾擾的各種說法，導致大家對京氏易預測方法產生混亂的看法，致使大家在交流時，產生了學術上的一些混亂。

我認為，早期邵偉華先生用《周易預測學》的名稱，是為了避免當時意識形態影響的原因而採用的名稱，但之後出現的各種名稱，無非是為了標新立異，吸引讀者眼球，或是有欺騙讀者的廣告嫌疑。因此，現在已經到了必須為「京氏易六親占法」正名的时候了。

（四）

根據我在社會上和網絡上的多年學習和實踐觀察，發現目前在「京氏易六親占法」學習上，普遍存在著一些誤區，應該引起大家的注意。

一是由於國家對於術數，持比較低調的態度，出版的古籍由於選擇底版的不足，即使是正規出版的書籍，因編輯自身能力的原因，也存在太多錯誤，或者出現一些缺漏，影響了讀者的正常學習。加上這二十多年來，「大師」輩出，他們印刷了很多並非合法的資料，還有一些人，將一些資料東拼西湊成書，更是誤導了很多讀者。

二是有些人認為，「京氏易六親占法」不如「三式」準確，「三式」才是術數中最好，最準確的。《四庫全書總目•術數二•六壬大全》：「六壬與遁甲、太乙，世謂之三式」。根據我和很多朋友的交流和實踐，我認為，術數無高低之分，只有學得好與不好之別，沒有任何一門術數可以稱為是最準確和最好的。讀者應該根據各自的興趣愛好，選擇適合自己學習種類。

三是有些人認為，只有找「大師」學習，得到所謂秘訣，才能學好用活。我們知道，早期由於歷史的原因，古籍資料獲得不易，大家尋求不到可以學習的資料，因此造成很多不明真相的後學，被一些「大師」矇騙錢財。我認為，學習任何術數，都沒有所謂的秘訣，只有基礎知識紮實，才是最好的秘訣。另外，在網絡上，很多群和聊天室，大多數人都還停留在猜謎語式的猜測中，不能客觀的運用「象數理占」的基本分析方法，去進行分析判斷，既可能誤導求測人，又對自己的學習無益，這樣的現象是不太正常的。我認為在現代社會，每個人都可以利用網絡，獲取各種資料信息，應該多讀一些書，多和不同的人去交流，利用網絡資源去學習，在實踐中去加深對理論和基礎知識的理解，要把每一個求測人都當作老師，從他們反饋的客觀信息，不斷有意識、有條理的訓練自己。只要不斷努力積累各種基礎知識以及社會常識，勤於記錄，多作積累，自然就能學得好、用得活。當然，如果有機會和條件的話，有老師指導學習，是可以少走一些彎路的。對於有自學能力的人來說，只要有精良的書籍版本，自學也是可以成功的。

四是有些人認為，「京氏易六親占法」預測，只有採用乾隆銅錢搖卦，才是最準確的。據可考的古籍記載，我國最早的成卦方式，應該是「蓍草揲蓍」法，即分數蓍草，得數以成卦的方法。除此之外，後世的先賢們，還創造了多種成卦的方法，例如「以錢代蓍」，「風角」，「字畫」，「數字」等各種成卦方法，讀者可參考《梅花易數》及其他相關書籍，去瞭解這些應用方法。對於各種成卦方式，古今均有各種非議，即使是目前被大家認同的「以錢代蓍」法，據《易隱》記載，也曾經被京房之師焦延壽批評過。《易隱•以錢代蓍法》曰：「焦延壽曰：今人以蓍草難得，用金錢代之。法固簡易，非其類矣。求蓍之代者，太極丸其庶幾乎。考諸陰陽老少之數，則合。質諸成爻成卦之變，則符。合二三得五，是五行之數也。計一丸得十五，是河圖中宮十五之數，洛書縱橫十五之數也。刑同六合，道備三才，甚矣。木丸之似蓍草也，則猶從其類也。金錢簡易云乎哉」。

現代的「大師」們，跟隨古代一些崇古的人，發展了這種崇古的思維。他們認為，乾隆銅錢具有良好的導電性，可以傳遞什麼古代信息，殘存信息，未來信息等等，因此只有採用乾隆銅錢成卦才是最好的，還有人認為，應該採用五帝錢成卦，信息量就大，還有人認為，應該採用「五帝」錢成卦，信息量就大，信息才準確。如果採用其他的銅錢成卦，就可能會造成信息不準確。如果採用數字起卦，或者其他方式成卦，則會造成信息量不足，更不準確了。

我認為，以上這些說法，是十分滑稽可笑和荒謬的，沒有任何理論和實踐的依據。試問，如果說銅的導電性好，那麼銀比銅的導電性更好，為什麼不採用銀幣呢？這都是出於他們崇古的思維，或限於他們自己僅會某種方法，或出於其他目的，或出於他們並沒有真正理解《易經》「感而遂通」之理，均屬無稽之談，讀者不可盲目迷信。

《易冒·自序》曰：「古之人，有以風占、鳥占、諺占，言語卜、威儀卜、政事卜，是無卜筮，而知吉凶也。況蓍草、金錢、木丸之占，而必執同異相非乎」？又曰：「愚以為：易者，象也；象也者，像也。其辭則異，其象則符。但告於蓍則以蓍占，告於五行則以五行占，告於焦氏則以焦氏占可也。其成卦成爻一也」。三百五十年前的一个盲人作者，尚且具有如此見識，實可令以上非議之人汗顏。

我認為，時代在不斷變化，我們現在已經進入電腦手機時代，很多網上的排盤系統，都是十分快捷的方法。為人預測和給自己預測，不管採用何種方式成卦，都可以獲取與求測的人和事物相關的客觀信息。各種成卦方式的原理，不在於採用乾隆銅錢所謂「導電性」是否良好，而是在於《易傳》所說的「感而遂通」。其要點在於，求測人求測時的「一念之誠」，即客觀的說明需要預測的事物，不可雜亂。

五是有些人認為，預測的結果，吉凶應該就是唯一的。我們知道，人們預測的目的，就是為了「趨吉避凶」，不是僅僅需要知道一個所謂吉凶的結果，而是希望讓事物能夠向有利於自己的方向，避開不利於自己的方向，得到有效改善和發展。這樣不是很矛盾嗎？既然吉凶的結果是唯一的，如何又能「趨吉避凶」呢？預測又有什麼意義呢？換言之，既然可以「趨吉避凶」，那吉凶結果就不可能是唯一的，是可以因人因事而發生改變的。以上兩種看法，看似悖論。

「京氏易六親占法」，給看似無序的天地和人事，架構了一個對應的坐標。利用這個坐標，我們就可以分析、判斷、選擇出有利於我們的為人處世方式。客觀的說，任何預測方法，任何人預測，都不可能和客觀的事物完全準確對應，總是存在有不對應的情況發生。大多數時候，求測人所需要面對的，是對於未來事物的發展，如何去選擇的取捨問題。因此，預測師要根據卦中顯示的信息，客觀的解讀，幫助求測人找到存在的問題，以及產生問題的原因，指導求測人改善不客觀的認識，尋找正確的方法，以達到「趨吉避凶」的目的。

《增刪卜易•趨避章》曰：「聖人作易，原令人趨吉避凶。若使吉不可趨，凶不可避，聖人作之何益？世人卜之何用」？

我們也必須知道，並不是所有的人和事物，都是可依主觀的變化而發生改變的。這是需要求測人能按照預測師的指導，自己首先認識，按照可以向好的方向轉化的方式，堅持努力調整，才可以達成事物向有利於自己的方向去發展的。如果求測人不能認識，即使知道問題所在，也不願意去努力調整，那麼事物就會沿著之前的方向運行下去。

我的看法，預測是對事物發展過程，發展趨勢的分析判斷，其預測結果也並非是唯一的，可因人、因事而發生改變。對於有些已經發生，或者處於事物運行過程末端，已經無法改變的事物，其結果可能就是唯一的。例如面臨高考，已經沒有時間改善，那麼，考試成績的結果就是唯一的。再如已經懷孕，測懷孕的是男是女，結果也必然是唯一的。對於有些還未發生，或者正處於運行過程開始的事物，其結果可以因求測人的主觀變化和調整，而發生改變，其最後的結果，就並非是唯一的了。例如測以後的高考成績，則可以根據學生的客觀情況，指導其在生理、心理的調整，學習環境、學習方法的調整方面，做出有利的改善，幫助提高學習的成績。再如測找工作，可以根據客觀的信息，指導求測人在有利的時機、有利的方位去尋找，可以做到事半功倍。

六是有些人認為，應期要絕對的對應。當然，我們應該知道，應期的問題，是一個比較複雜的問題，每個卦中，能顯示應期的方式是多樣性的。我們在實踐中會經常發現，應期會出現早一些和晚一些的情況。究其原因，除了預測師的自身能力以外，還有一個不能忽視的原因，即時間和空間的不確定性。愛因斯坦的廣義相對論認為：「由於有物質的存在，空間和時間會發生彎曲，而引力場實際上是一個彎曲的時空」。因此，在時空發生彎曲的情況下，出現不能完全對應的情況，是客觀存在的，也是我們必須客觀面對的。

七是社會上出現的所謂「象法派」，「理法派」，看似新的流派。「象法派」重於象而輕於理，「理法派」重於理而輕於象，這兩者各有偏頗，偏廢一端，這都是不可取的。我們知道，「象數理占」在京氏易預測分析中，是一個整體，不可偏廢。我們應該綜合應用「象數理占」的方法，整體思維，整體分析為宜。

（五）

我們學習古代的術數方法，一方面要傳承古人的優秀文化，另一方面更要挖掘古人的智慧和方法，要結合當時的時代特徵，擴展更加廣闊的應用領域。

一是要在繼承古代優秀文化的基礎上，善於吸取古人的智慧，充分挖掘古籍的信息。有些已經發現的應用方法，例如元代著作《大易斷例卜筮元龜•占家內行人知在何處章》曰：「凡占行人在何處，子變印綬父母擬」，注釋曰：「以卦所生為爻。假令《困》卦，五月卦屬火，則丁未為子爻，戊寅為父母也」，這裡隱含的提出了轉換六親的概念。由於作者沒有清晰的注釋說明，六親轉換的內容比較含糊，以致很難被讀者發現和理解。《新鍥斷易天機》轉錄此內容為：「凡占行人在何處，子變應爻父母擬」，將原文的「印綬」兩字，錯錄為「應爻」兩字，導致讀者根本無法理解，以至於後來的著作，就沒有這樣的內容了，致使「轉換六親」的方法幾乎失傳。

我在校對整理這些古籍時，看到了這樣零星的材料，按照其原理進行還原，知道了這種轉換的方法。經過多年的應用實踐，我認為認識和掌握了這種轉換的方法，我們就可以從卦中，獲取與求測人相關的更多信息，甚至發現很多用常規方式，不可能發現的信息、隱蔽的信息。可以幫助我們，尋找影響求測人和事物關係的背後原因，便於更好的為求測人提供分析和化解的有效服務。

幾種轉換六親的方式如下：

1、以世爻為「我」轉換六親。

2、以用神為「我」轉換六親。

3、以月卦身為「我」，進行轉換六親。

4、以卦中的任一爻為「我」轉換六親。

有些還沒有發現，或者古籍中還存在的隱藏線索，或者古人沒有說透的概念，例如納音的應用，也需要讀者，或者後來的學者，去不斷挖掘，不斷研究，不斷完善。

二是要在繼承的基礎上，將古人成熟的應用方法，歸納整理，擴展更寬的應用領域。例如「象數理占」，這是京氏易預測的基本方法，所謂「象」，即事物基本的屬性具象。簡單歸納如下：

一、卦宮象：如乾宮，坤宮象等。
二、內外象：如外卦主外、高、遠象；內卦主內、低矮、近象。
三、爻性象：如陽爻有剛象，陰爻有柔象。陽主過去象，陰主未來象等。
四、爻位象：如初爻元士，二爻大夫等象。初爻主腳，三爻主腹，六爻主頭等象。
五、五行象：如甲乙寅木屬木，丙丁巳午屬火等象。五行表示對應的時間、空間之象。
六、六親象：如父母爻主父母、長輩、文章、老師、論文、文憑、證件、證據、防護裝備，信息物品等象。
七、六神象：如青龍主喜，主仁、酒色等象。
八、進退象：如寅化卯為進，卯化寅為退等象。
九、世應象：世為己，應為人；婚姻關係，合作關係等象。
十、卦名象：如「夬」有抉擇之象，「蠱」有內亂之象。
十一、卦辭象：如乾卦象曰：「天行健，君子以自強不息」等預示之象。
十二、爻辭象：如乾卦初九象曰：「潛龍勿用，陽在下也」等預示之象。

十三、納音象：如甲子乙丑海中金之類象。

十四、時間象：如：寅卯辰表示春季，巳午未表示夏季；子水表示夜半，午火表示中午等等。

十五、方位象（空間之象）：如子水北方之象，午火南方之象等等。

十六、理象：（道理、義理、原理、事理）：如：生尅制化，刑冲合害等五行運行基本原理之象。

再如飛伏方法的應用，《易林補遺》曰：「爻爻有伏有飛，伏無不用」，但作者又認為飛伏的應用，僅僅是「若卦內有用神，不居空陷，不必更取伏神。如六爻不見主象者，卻取伏神推之」。

我們知道，伏神表示隱藏的信息。因此世爻下的伏神，是可以表示求測人的潛意識，或者內心思維的。從伏神與飛神的關係，可以得知求測人自身的心理狀態。另外，如世下伏神與應爻沖尅，也可以表示求測人與對方內心抵觸，或者言語衝突。

三是在學習的過程中，不能迷信古人，認為古人所論都是對的。要根據京氏易的基本原理和方法，不斷的創新思路，尋找更多更好的應用方法。

例如預測疾病，《天玄賦》論疾病曰：「決輕重存亡之兆，專察鬼爻。定金木水火之鄉，可分症候」，古人基本上是以官鬼爻去論病。

時間：癸巳年　壬戌月　辛亥日　丙申時（日空：寅卯）						
占事：測疾病？						
	艮宮：艮為山（六沖）				巽宮：山雷頤（遊魂）	
六神	**本　　卦**				**變　　卦**	
騰蛇	官鬼丙寅木	▅▅▅	世		官鬼丙寅木 ▅▅▅	
勾陳	妻財丙子水	▅ ▅			妻財丙子水 ▅ ▅	
朱雀	兄弟丙戌土	▅ ▅			兄弟丙戌土 ▅ ▅	世
青龍	子孫丙申金	▅▅▅	應	○→	兄弟庚辰土 ▅ ▅	
玄武	父母丙午火	▅ ▅			官鬼庚寅木 ▅ ▅	
白虎	兄弟丙辰土	▅ ▅		╳→	妻財庚子水 ▅▅▅	應

例如：癸巳年　壬戌月　辛亥日　丙申時，測疾病？

此卦午火被日令亥水，內卦三合子水相尅。卦中寅木雖然得日令生合，但逢旬空不受生。以上信息表示，求測人身體存在氣血兩虛的現象。六爻寅木雖然有日令亥水生合，內卦三合子水生，但爻遇旬空不受生，因此，會出現有頭暈的現象，並且還會有記憶力減退的現象，這是由於肝膽氣虛，運行不暢，導致腦供血不足造成的。應該找醫生去檢查，及時治療和調整。這樣去分析，才能客觀對應求測人的客觀現象。

我們既要繼承古人一些好的理論方法和應用方式，但也不必象古人那樣，執定鬼爻為病，可以根據京氏易的基本原理，和基本方法去分析判斷。

（六）

我出生於二十世紀五十年代，由於父親過早的去世，我勉強讀了個小學，雖然小學畢業時，被保送到縣裡最好的中學，但由於文革和武鬥，學校都停課鬧革命，所以就沒有學上了。一九七零年，學校開始復課鬧革命，因為我們家庭生活困難，我想參加工作，為家裡減輕負擔，我也沒能繼續讀書。一九七零年六月，我還不滿十六歲，就因為得到組織上照顧，開始參加工作了，因此，我的文化基礎知識，是十分貧乏的。

進入八十年代，是中國社會開始發生大變革的時代，是人們知道文化知識貧乏，渴望讀書的時代，也是人們普遍感覺迷茫的時代，我生活於這個時代，也不可避免會產生對不可知的未來的困惑。

八十年代末期，隨著改革開放，《周易》慢慢也被解禁，國內開始了一個學習易學和術數預測的高潮。我也是這個時期，開始接觸到《易經》，從中體會到古人的一些智慧。邵偉華先生的《周易預測學》出版問世，我看到他在辦函授班，也參加了第二屆函授。後來，國家開始了搶救古籍的工作，出版了一批術數類古籍，我先後購買了這些書籍，開始進行自學。一九九三年，我得到《增删卜易》這本著作，雖然此書編輯十分混亂，但還是引起我對「京氏易六親占法」的極大興趣。一九九五年，劉大鈞先生的《納甲筮法》出版，我從中深入瞭解到「京氏易六親占法」的基礎知識，然後長期實踐，深入研究和理解。一九九七年，我參加過山東大學周易研究中心舉辦的「首屆大易文化研討班」，這次也發了一本他們自己編寫的《增删卜易》，對比我以前買的版本，好了很多。從此，我放棄了之前所學的其他術數方法，只對與「京氏易六親占法」相關的著作感興趣了。這個時期的自學，由於環境因素的影響，基本上是偷偷進行的。

九十年代後期，由於有了互聯網，我開始在網上和一些朋友討論和交流，在這個過程中，發現很多想學習的朋友，因為沒有資料，學習起來十分困難。基於這種情況，我開始用手頭的資料，錄入整理成電子文本，供易友們學習。再後來，隨著互聯網的發展，網上資料的增多，我經過對照發現，現代出版的古籍，錯漏太多，同時，因為古籍生僻字太多，加上沒有注釋，很多後學的朋友感覺學起來不易，也為了我自己對這一門學術研究的需要，因此，觸發了我想把「京氏易六親占法」相關的古籍，重新校注整理的想法。

我和易友鼎升，本著「為往聖繼絕學，為後世傳經典」的基本精神，十幾年來，到處搜求，各處尋找，也得到很多易友的幫助，終於收集到一批古籍資料，我從中選取有傳承價值，以及有研究價值的十幾個古籍版本，進行校對注釋整理，經歷十多年的不懈努力，終於完成了這一工作。希望能為有志於傳承這一門學術的朋友，提供最原始的資料，也希望能讓後來的學者少走彎路。

在這套古籍著作的校注整理過程中，得到「鼎升」先生的很多具體指導，以及「冰天烈焰」、「犀角尖尖」，「天地一掌中」等網友提供的原版影印古籍資料，也得到「漢典論壇」等網絡上很多朋友的幫助，在此一併向他們致謝。書中有些注釋資料，來源於網絡，未能一一加以說明，也請原作者諒解。

雖然經歷了十幾年的多次校對，注釋，整理，但書稿中不可避免還會存在一些問題，希望能得到方家的指正，也希望得到讀者的批評，在有機會的情況下，再作進一步的修訂，不至於誤導讀者。

京氏易學愛好者　湖北省潛江市　周光虎

撰於己丑年夏至日 公曆 2009年6月21日 星期日

2017年9月28日9時40分星期四　重新修訂

2020年再修訂

網名：虎易

QQ：77090074

微信：wxid_e9cvbx1mugcf22

電子郵箱：tiger1955@163.com

新浪博客：http://blog.sina.com.cn/hbhy

http://blog.sina.com.cn/u/1248458677

《周易尚占》校注整理說明

一、此稿據明刻本《亦政堂鐫陳眉公家藏彙祕笈》中《周易尚占》（《心一堂術數珍本古籍叢刊·占筮類》）作為底本，進行錄入校對，並進行注釋。

二、原本無標點，以我個人的理解重新標點，是否得當，還望方家指正。

三、原目錄各章節無編號，為便於識別，為各章節加入編號。

四、對異體字、通假字等，一律以通行繁體字替換，不另外說明。對書中生僻字，採用註腳的方式，以現代漢語拼音注音，並簡注字意。大部分採用《漢典》http://www.zdic.net/內容，並參考《漢語大字典》、《字彙》等書內容補入。

五、對一些古代名詞，採用註腳方式加以注釋。

六、對疑為有遺漏的部分，適當補入並說明，供讀者參考。

七、對書中的明顯錯漏之處，直接改正，用校勘記的方式說明。對容易造成理解歧義之處，採用「虎易按」的方式加以說明，或補入文字，供讀者參考，以便於閱讀理解。

八、本稿校注整理，對原著出現的不足之處，稍加注釋，讀者可參考其他書籍進行辯證。由於本人學識淺薄，雖然幾經校注整理，但錯漏之處或許難免。特別是注釋部分，只是以我個人的理解所作，不當之處，還望讀者能給我指正，以便於我及時改正，以免誤導更多的讀者。

初校稿完成於：2008年1月18日
二校稿完成於：2008年2月10日
三校注釋定稿：2013年5月10日
修訂注釋定稿：2016年7月1日

京氏易學愛好者　湖北省潛江市　虎易
網名：虎易
QQ：77090074
微信：wxid_e9cvbx1mugcf22
電子郵箱：tiger1955@163.com
新浪博客：http://blog.sina.com.cn/hbhy
http://blog.sina.com.cn/u/1248458677

周易尚占總目

卷上

發端部第三 凡十二章

周易尚占序

周易尚占者，卜筮①之捷法也。其旨切而近，其辭簡而當，誠有補於初進者，旨趣②與市肆③間卜筮之書大同小異。且如鬼谷④辨爻占法，以上爻為至高，殊不知上為至遠位之地。作是見者，非深造玄理者也？若此者眾。或問曰：「尚占有道乎」？曰：「不可謂之有，不可謂之無。若謂有，泥於卜筮而無窮。若謂無，易有聖人之道四⑤，尚占居其一焉」。所要者，必先明本，次當明體，變通明用，知體而不知用則不備，知用而不知體則不精，占變相需，易理盡矣。故尚占者，學易之樞機⑥也。其緒在於寂然，應動之效，發端在於決疑，疑情頓釋。惟變是通，皆由理正辭達而已。臨疑取證，不滯膠擾楊墨⑦之間。

今瑩蟾子李清庵下一片工夫，分析爻辭，深得易理之趣，言雖樸素，不事浮華。若非閒中日月，靜裡乾坤，孰能臻此聯篇鋟梓⑧，以廣其傳，貴無隱爾。

大德丁未⑨五月望日⑩　洛陽後學　保八　序

注釋

①卜筮（bǔ shì）：泛指占卜。卜，以龜甲推斷吉凶。筮，以蓍草推斷吉凶。合稱卜筮。

②旨趣：舊指寫書的目的與大意。

③市肆（sì）：城市中的商店。

④鬼谷：即鬼谷子（西元前400—西元前320年），姓王，名詡，又名王禪、王利，號玄微子。春秋戰國時期人。鬼谷子是春秋戰國時期道家代表人物、縱横家的鼻祖，鬼谷子常入山採藥修道。因隱居鬼谷，故自稱鬼谷先生。「王禪老祖」是後人對鬼谷子的稱呼」。

⑤易有聖人之道四：《周易・繫辭傳》曰：「易有聖人之道四焉。以言者尚其辭，以動者尚其變，以制器者尚其象，以卜筮者尚其占」。

⑥樞（shū）機：比喻事物的關鍵。

⑦楊墨：指戰國時期楊朱與墨翟的學說。楊朱主張「為我」，墨翟主張「兼愛」，是戰國時期與儒家對立的兩個重要學派。

⑧鋟梓（qǐn zǐ）：刻板印刷。

⑨大德丁未：是元代成宗（鐵穆耳）的年號，即大德十一年，西元1307年。

⑩望日：即農曆十五日。

周易尚占總目

周易尚占　卷下 129

《周易尚占》目錄畢 170

校勘記

㈠「八卦」，原本脫漏，據本書內容標題補入。

㈡㈢㈣㈤㈥㈦㈧㈨「乾宮」至「兌宮」等八個宮，原本均作「八卦斷例章」，據八宮分類補入「乾宮」至「兌宮」等八個宮，標題依此補入，不另注釋說明。

周易尚占　卷上

圖局部第一（凡十章）

無極而太極

無者，虛無自然之謂也。始於無始，窮於無窮，不可極而極者也。聖人強名曰無，字①之曰太極。周子②曰：「無極而太極。太極動而生陽，靜而生陰，一陰一陽，互為其根，兩儀立焉③」。即《易》所謂：「易有太極，是生兩儀④」。言太極之變也。

注釋

①字：取名。

②周子：周敦頤（1017-1073年），又名周元皓，原名周敦實，字茂叔，謚號元公，號濂溪先生，北道州營道樓田堡（今湖南省道縣）人，曾任江南東道南康軍刑獄。儒家理學思想鼻祖，著有《周元公集》《太極圖說》《通書》（後人整編進《周子全書》）。

參閱《宋史・卷四二七・列傳第一八六・道學一・周敦頤》。

③《太極圖說》曰：「無極而太極。太極動而生陽，動極而靜，靜而生陰，靜極複動。一動一靜，互為其根。分陰分陽，兩儀立焉」。參閱《太極圖說》。

④易有太極，是生兩儀：參閱《易經・繫辭傳・第十一章》。

太極生兩儀

⚊者，陽也；⚋者，陰也。老子①云：「道生一」，即無極而太極也。又云：「一生二」，即太極生兩儀也。邵子②所謂「一分為二」者是也。所謂二者，一陰一陽也。

陽動也，陰靜也，動極復靜，靜極復動，互為互靜而生四象。《易・繫》③云：「兩儀生四象④」，邵子云：「二分為四」，言兩儀之變也。

注釋

①老子：姓李名耳，字聃，一字或曰謚伯陽。華夏族，楚國苦縣厲鄉曲仁里人，約生活於前571年至471年之間。是我國古代偉大的哲學家和思想家、道家學派創始人，被唐朝帝王追認為李姓始祖。老子乃世界文化名人，存世有《道德經》（又稱《老子》），在道教中，老子被尊為道教始祖。參閱《史記・卷六十三・老子韓非列傳第三》。

②邵子：邵雍（1011年—1077年），字堯夫，北宋著名理學家，與周敦頤、張載、程顥、程頤並稱北宋五子。著有《皇極經世》《觀物內外篇》《先天圖》《漁樵問對》《伊川擊壤集》《梅花詩》等。宋哲宗元祐中賜謚康節。參閱《宋史・卷四二七・列傳

第一八六・道學一・邵雍》。

③《易・繫》：指《易經・繫辭傳》。

④兩儀生四象：參閱《易經・繫辭傳・第十一章》。

兩儀生四象			
老陰	少陽	少陰	老陽
⚏	⚎	⚍	⚌

⚌者，動之極也，是謂老陽。

⚍者，動極而靜也，是謂少陰。

⚎者，靜極而動也，是謂少陽。

⚏者，靜之極也，是謂老陰。

四象分位，而五行具矣。四象各有動靜，機緘不已，八卦分焉。周子云：「五性感動吉凶分，而萬事出矣」。《易・繫》云：「四象生八卦」，言四象之變也。

注釋

①五行：指金、木、水、火、土。古人認為這五種物質構成世界萬物，中醫用五行說明生理、病理上的種種現象，用術數預測的人用五行推算人的命運。

②機緘（jiān）不已：氣運變化不已。

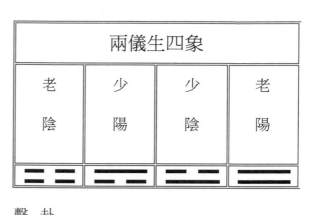

四象生八卦

卦名	卦序	卦形	說明
乾	一	☰	☰者，老陽動也，是謂乾一。
兌	二	☱	☱者，老陽靜也，是謂兌二。
離	三	☲	☲者，少陰動也，是謂離三。
震	四	☳	☳者，少陰靜也，是謂震四。
巽	五	☴	☴者，少陽動也，是謂巽五。
坎	六	☵	☵者，少陽靜也，是謂坎六。
艮	七	☶	☶者，老陰動也，是謂艮七。
坤	八	☷	☷者，老陰靜也，是謂坤八。

虎易按：為便於讀者對照理解，本表在第一行，補入「卦名」、「卦序」、「卦形」、「說明」等內容作為表頭。

下面以「乾」卦為例，注釋說明如下：

「☰者，老陽動也，是謂乾一」。指三畫的「☰」卦，是由二畫的老陽，上面再加一陽畫，而成為三畫的☰卦。其中的「老陽」，是指二畫的四象名。「動也」，是指在二畫「老陽」之上，再加一陽畫。「乾一」，是指乾卦的先天卦序為一。

其他各卦「老陽、少陰、少陽、老陰」，均為四象名，「動也」，指在原二畫的四象之上，再加一陽畫。「靜也」，指在原二畫的四象之上，再加一陰畫。八卦均同此例，不另一一說明。

八卦方位圖

東北：為立春，物之始也，艮止以之。
東：為春分，萬物出也，震動以之。
東南：為立夏，萬物潔齊，巽順以之。
南：為夏至，萬物相見，離麗以之。
西南：為立秋，萬物致養，坤厚以之。
西：為秋分，萬物成也，兌說以之。
西北：為立冬，萬物遂也，乾健以之。
北：為冬至，萬物藏也，坎陷以之。
《繫》云：八卦成列，易行乎其中矣。

虎易按：《八卦方點陣圖》，也稱為「後天八卦圖」。本圖列出了八卦所處的座標方位，下面的注釋部分，也說明了各卦所表示的時間順序，以及各卦的基本屬性之一。例如「東北：為立春，物之始也，艮止以之」，指《艮》卦對應為東北方位，時間順序表示為立春，萬物開始復蘇，《艮》的基本屬性之一為止。《易經•說卦傳•第七章》曰：「乾，健也；坤，順也；震，動也；巽，入也；坎，陷也；離，麗也；艮，止也；兌，說也」。本文注釋「巽順」、「坤厚」兩處，與《易經•說卦傳•第七章》原文有異，讀者可互相參考。

乾坤生六子圖

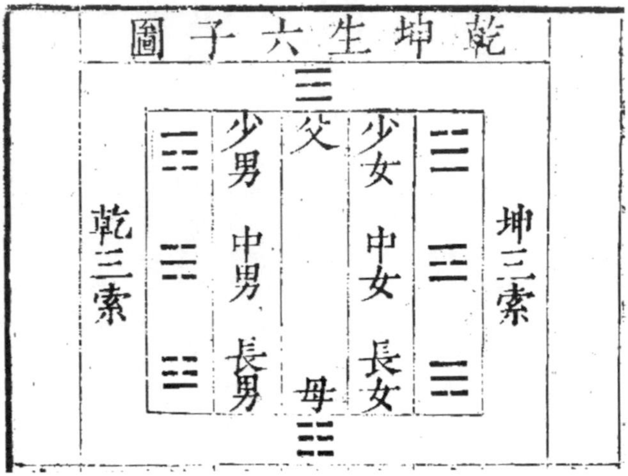

乾為父，坤為母，乾坤交而生六子。

乾初爻交坤成震，震為長男。

坤初爻交乾成巽，巽為長女。

乾中爻交坤成坎，坎為中男。

坤中爻交乾成離，離為中女。

乾上爻交坤成艮，艮為少男。

坤上爻交乾成兌，兌為少女。

三男三女，陰陽相推，生生化化而無窮也。善觀易者，反窮諸己，自得之矣。

天干納甲圖

數書云：「乾坤定位於甲乙，山澤通氣於丙丁，水火相建於戊己，雷風相薄於庚辛」。是故，乾納甲也，坤納乙也，艮納丙也，兑納丁也，坎納戊也，離納己也，震納庚也，巽納辛也，乾又納壬也，坤又納癸也。甲乙壬癸，十干之始終，乾坤納甲乙壬癸，表覆載之功廣大也。

地支納音圖㊀

震為長男，巽為長女，故配之以子丑。坎為中男，離為中女，故配之以寅卯。艮為少男，兌為少女，故配之以辰巳。

外卦之配，對宮取之。假如震巽納子丑，外卦自然納午未。餘倣此。

乾納子午，坤納丑未，先未後丑。何也？陽順陰逆也。逆順相須，造化成焉。

校勘記

㊀原本無此標題，據本書目錄，補入標題。

支干納音圖

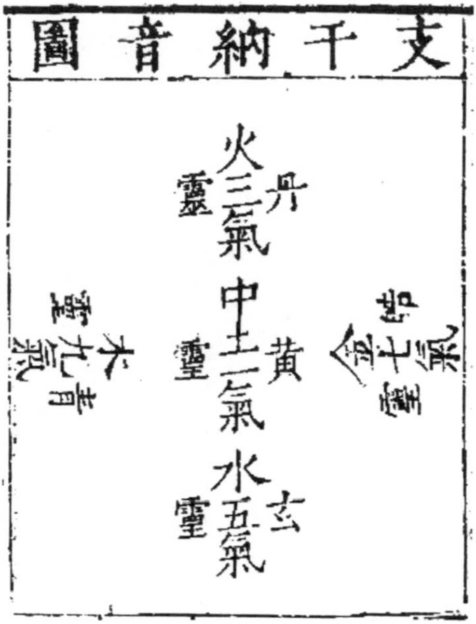

一者，中央黃靈之氣，故納音屬土。三者，南方丹靈之氣，故納音屬火。五者，北方玄靈之氣，故納音屬水。七者，西方皓靈之氣，故納音屬金。九者，東方青靈之氣，故納音屬木。

或於中央十二氣者，字相連粘之誤也。中央土，一氣也，達者味之。

五子歸元圖

	五子歸元圖						
外卦對取，六甲備矣。	納音	兌	艮	離	坎	巽	震
	土	丁巳	丙辰	己卯	戊寅	辛丑	庚子
	火	乙	甲	丁	丙	己	戊
	水	癸	壬	乙	甲	丁	丙
	金	辛	庚	癸	壬	乙	甲
	木	己	戊	辛	庚	癸	壬

震為長男，納甲起庚子；巽為長女，納甲起辛丑；以庚辛為母，以子丑為子。壬至庚，癸至辛，皆九數，故壬子癸丑納音屬木。甲至庚，乙至辛，皆七數，故甲子乙丑納音屬金。丙至庚，丁至辛，皆五數，故丙子丁丑納音屬水。戊至庚，己至辛，皆三數，故戊子己丑納音數火。庚辛一數，故庚子辛丑納音屬土。餘倣此。圖局已具。

旁通部第二（凡十章）

六位例

橫看	六爻	五爻	四爻	三爻	二爻	初爻
定位	陰	陽	義	仁	柔	剛
三材	空	天	官	人	山	地
占雨	空	雨	雲	風	電	雷
占晴	大空	日月	霞虹	風氣	煙靄	霧露
地理	山	林	木	草	地	水
田土	山崗	林麓	高田	平原	低田	湖塘

居處	田禾	僧道	仕宦	身命	六親	行人	屋宇	住居	舟船
山林	成熟	祖師	隱逸	首	祖	地頭	棟	門戶	帆幔
京都	田主	師父	王公	心	父母	道路	梁	廳堂	桅纜
坊鎮	禾穗	檀越	諸侯	腹	伯叔	門	枋	廊廡	櫓棹
市井	秧苗	法眷	大夫	股	兄弟	戶	柱	倉庫	身倉
州縣	種子	己身	士人	腓	己身 妻	身	人身	房屋	舟主
鄉	田地	徒弟	庶民	足	子孫	足	基址	井灶	艄船

家畜	駝象	牛馬	驢騾	豕羊	貓犬	雞鵝
野獸	鷹	鴻鵠	雞雉	虎豹	豺狼	狐兔
水族	蛟蜃	鷗鷺	鴛鴦	龜鱉	鰍鱔	蝦魚
占事	國事	心事	官事	家事	身事	人事
占蠶	簇	主	桑	筐	蠶	種
興販	寶貝	主人	金玉	疋帛	財本	物貨
商	店宇	客人	行貨	牙郎	己身	財本
賈	宜利	買主	發賣	停塌	己身	財本
疾病	頭面	心胸	腸胃	腰腎	身體	手足
鬼神	星辰	社廟	神佛	家先	祭主	土地

願心	婚姻	六甲	轉官	公訟	墳墓	擇葬	牛馬	尋人	捕賊
口願	祖宗	化婆	任所	決斷	朝向	朝向	水草	閒人	遠方
心願	公姑	父	宣命	官府	祭主	亡人	主人	貴人	本路
善願	外氏	母	差遣	對頭	風水	風水	鞍轡	外人	本處
拜願	保親	看生	保舉	詞狀	羅堂	羅堂	欄廏	親人	近處
己身	夫妻	子	己身	己身	亡身	基址	牛馬	己身	捕盜
香願	媒人	胎息	解由	見人	穴道	穴道	人力	婦人	家人

月建六神例

六神＼月建	正月	二月	三月	四月	五月	六月	七月	八月	九月	十月	十一月	十二月
青龍	寅	卯	辰	巳	午	未	申	酉	戌	亥	子	丑
白虎	申	酉	戌	亥	子	丑	寅	卯	辰	巳	午	未
朱雀	巳	午	未	申	酉	戌	亥	子	丑	寅	卯	辰
玄武	亥	子	丑	寅	卯	辰	巳	午	未	申	酉	戌
勾陳	丑	寅	卯	辰	巳	午	未	申	酉	戌	亥	子
騰蛇	辰	卯	寅	丑	子	亥	戌	酉	申	未	午	巳

日建六神例

干支／爻位	甲乙日	丙丁日	戊己日	庚辛日	壬癸日
上爻	玄武	青龍	朱雀	螣蛇	白虎
五爻	白虎	玄武	青龍	勾陳	螣蛇
四爻	螣蛇	白虎	玄武	朱雀	勾陳
三爻	勾陳	螣蛇	白虎	青龍	朱雀
二爻	朱雀	勾陳	螣蛇	玄武	青龍
初爻	青龍	朱雀	勾陳	白虎	玄武

八卦取象例

八卦	乾	坤	震	巽	坎	離	艮	兌
在天成象	天	雲	雷	風	月	日	氣	雨
在地成形	金	土	木	竹	水	火	山	河
近取諸身	首	腹	足	手	耳	目	鼻	口
遠取諸物	馬	牛	龍	雞	豕	雉	狗	羊
卦體	圓	方	大	長	實	虚	小	短
卦材	健	順	動	入	陷	麗	止	說
人體	端正	雄壯	俊鋭	潔淨	清奇	秀麗	短小	柔美
人材	精勤	拙訥	伎巧	活落	通疎	知慧	慵懶	捷辨
德性	誠恪	敦篤	決烈	謙遜	淳樸	靈變	鎮重	溫潤
情偽	武勇	恪嗇	燥暴	進退	隱伏	虚詐	偏執	誣妄
命基	心	身	肝	胃	腎	膽	脾	肺
性本	神	形	魂	志	精	氣	意	魄

八卦法用例

八卦	父子	君臣	人事	藝業	尋訪	轉官	安厝	居處	營運	交易
乾	父	王公	官事	士	貴人	朝廷	朝向	屋宇	車輿	寶玉
坤	母	宰相	家事	農	主人	任所	羅堂	產業	舟船	布帛
震	長男	諸侯	身事	工	客人	差遣	林麓	動用	器械	財本
巽	長女	大夫	公事	商	行人	宣命	行木	簾幃	繩直	行貨
坎	中男	公吏	憂事	武	吏人	印綬	風水	池井	弓輪	酒食
離	中女	士人	心事	文	士人	保明	香火	爐灶	甲冑	夥伴
艮	少男	庶民	閒事	醫	商人	復任	主山	門屏	閽寺	店舍
兌	少女	伶倫	喜事	卜	匠人	解田	陂塘	窗牖	剛鹵	牙郎

八卦八節㊀休旺例

狀態＼節氣	立春正月節	春分二月中	立夏四月節	夏至五月中	立秋七月節	秋分八月中	立冬十月節	冬至十一中
旺	艮	震	巽	離	坤	兌	乾	坎
相	震	巽	離	坤	兌	乾	坎	艮
胎	巽	離	坤	兌	乾	坎	艮	震
沒[1]	離	坤	兌	乾	坎	艮	震	巽
死	坤	兌	乾	坎	艮	震	巽	離
囚	兌	乾	坎	艮	震	巽	離	坤
休	乾	坎	艮	震	巽	離	坤	兌
廢	坎	艮	震	巽	離	坤	兌	乾

虎易按：原本節氣一欄，只有「立春、春分」等節氣。據《大易斷例卜筮元龜》體例，在節氣後加入「正月節、二月中」等內容。

此表所對應的，是八卦在八個節氣中所處的狀態。如立春後，《艮》旺、《震》相、《巽》胎、《離》沒、《坤》死、《兑》囚、《乾》休、《坎》廢。其他節令，各卦所處的狀態，見表。

注釋

①沒（mò）：沉沒水中。

校勘記

㊀「八節」，原標題脱漏，據本書目錄補入。

逐月吉凶神殺例

月令 / 神殺	正月	二月	三月	四月	五月	六月	七月	八月	九月	十月	十一月	十二月	備註
天喜	戌	亥	子	丑	寅	卯	辰	巳	午	未	申	酉	
天解	申	申	酉	酉	戌	戌	亥	亥	午	午	未	未	
天醫	卯	亥	丑	未	巳	卯	亥	丑	未	巳	卯	亥	
飛廉	申	未	午	巳	辰	卯	寅	丑	子	亥	戌	酉	主人卒亡
血忌	丑	未	寅	申	卯	酉	辰	戌	巳	亥	午	子	不宜針灸
雷火	寅	丑	子	亥	戌	酉	申	未	午	巳	辰	卯	
往亡	寅	巳	申	亥	卯	午	酉	子	辰	未	戌	丑	出行主①死
負結	亥	亥	丑	丑	卯	卯	巳	巳	未	未	酉	酉	負鬼神食
生氣	子	丑	寅	卯	辰	巳	午	未	申	酉	戌	亥	
死氣	午	未	申	酉	戌	亥	子	丑	寅	卯	辰	巳	
吉殺	丑	寅	卯	辰	巳	午	未	申	酉	戌	亥	子	
天德	亥	子	丑	寅	卯	辰	巳	午	未	申	酉	戌	
月德	未	申	酉	戌	亥	子	丑	寅	卯	辰	巳	午	

注釋

①主：預示。如「主吉」，即預示吉。「主凶」，即預示凶。「主死」，即預示死。其他均仿此。

逐日吉凶神殺例

日干	甲	乙	丙	丁	戊	己	庚	辛	壬	癸
祿元	寅	卯	巳	午	巳	午	申	酉	亥	子
貴人	丑	子	亥	酉	未	申	午	寅	卯	巳
大殺	亥	亥	未	未	戌	戌	寅	寅	巳	巳

合刑殺例

支神	子	丑	寅	卯	辰	巳	午	未	申	酉	戌	亥
六合	丑	子	亥	戌	酉	申	未	午	巳	辰	卯	寅
三合	申 辰	巳 酉	午 戌	亥 未	申 子	酉 丑	寅 戌	亥 卯	子 辰	巳 丑	寅 午	卯 未
三刑	卯	戌	巳	子	辰	申	午	丑	寅	酉	未	亥
驛馬	寅	亥	申	巳	寅	亥	申	巳	寅	亥	申	巳
劫殺	巳	寅	亥	申	巳	寅	亥	申	巳	寅	亥	申
亡神	亥	申	巳	寅	亥	申	巳	寅	亥	申	巳	寅
咸池	酉	午	卯	子	酉	午	卯	子	酉	午	卯	子

虎易按：原表中「三刑」對應支神「未」處，是「戌」字，據「丑刑戌，戌刑未，未刑丑」體例，改作「丑」字。原表中「三刑」對應支神「亥」處，是「辰」字，據「辰午酉亥為自刑」體例，改作「亥」字。

四時吉凶神殺例

四季	春	夏	秋	冬	
五墓	未	戌	丑	辰	占病忌之，發動持凶
浴盆	辰	未	戌	丑	占病忌之，臨水神水爻並凶
三丘	丑	辰	未	戌	占病忌之，發動兄鬼主死

發端部第三（凡十二章）

以錢代蓍法　揲蓍①法見心鑑

以錢三文，熏於爐上，而祝心事，呵銜至至敬而祝，祝曰：天何言哉，扣之即應，神之靈矣，感而遂通。今有某事，罔知休咎②，罔釋決疑，克神克靈，惟蓍而龜，禱於爾神，亮垂報知，若可若否，尚明告之。祝畢，擲錢於盤中。一背為單，畫⚊；二背為拆，畫⚋；三背為重，畫○；純字為交，畫╳。自下而上，三擲內卦成。再將錢爐上熏過，復求外卦，圓成一卦，而斷吉凶。至敬至誠，無不感應。

注釋

①揲蓍（shé shī）：亦稱「揲蓍草」。數蓍草。古代問卜的一種方式。

②休咎：吉凶，禍福。

合卦例

純陽乾為天，陽中坎水連，陽上艮山止，陽下震雷焉；下陰巽風起，中陰離火燃，純陰坤地厚，陰上兌金堅。

虎易按：「合卦」，指由上中下三個陰陽不同的爻，組合成不同的八個卦。如「純陽乾為天」，指上中下三個爻都是陽爻（純陽），就是《乾》卦（乾為天）。「陽中坎水連」，指中間是陽爻，上下都是陰爻，就是《坎》卦（坎為水）。其他各卦均倣此。讀者可參考所附圖表，熟悉理解此節內容。

合卦例

卦象	☰	☵	☶	☳	☴	☲	☷	☱
歌訣	純陽乾為天	陽中坎水連	陽上艮山止	陽下震雷焉	下陰巽風起	中陰離火燃	純陰坤地厚	陰上兌金堅

上手法　自下而上

上手法								
卦象	☰	☵	☶	☳	☴	☲	☷	☱
歌訣	單單單乾為天	拆單拆坎為水	拆拆單艮為山	單拆拆震為雷	拆單單巽為風	單拆單離為火	拆拆拆坤為地	單單拆兌為澤

單單單乾為天，拆單拆坎為水，拆拆單艮為山，單拆拆震為雷。拆單單巽為風，單拆單離為火，拆拆拆坤為地，單單拆兌為澤。重為單陽變陰，交亦拆陰變陽。

虎易按：「上手法」，是「以錢代蓍」的成卦方法。如「單單單乾為天」，指三擲得上中下都是單畫，就是《乾》卦（乾為天）。「拆單拆坎為水」，指三擲得下畫為拆，中畫為單，上畫為拆，就是《坎》卦（坎為水）。其他各卦均倣此。讀者可參考所附圖表，熟悉理解此節內容。

重卦例

乾宮金兆

《乾為天》八純、上世；《天風姤》一世；《天山遯》二世；《天地否》三世；《風地觀》四世；《山地剝》五世；《火地晉》遊魂、四世；《火天大有》歸魂、三世。

坎宮水兆

《坎為水》八純、上世；《水澤節》一世；《水雷屯》二世；《水火既濟》三世；《澤火革》四世；《雷火豐》五世；《地火明夷》遊魂、四世；《地水師》歸魂、三世。

艮宮土兆

《艮為山》八純、上世；《山火賁》一世；《山天大畜》二世；《山澤損》三世；《火澤睽》四世；《天澤履》五世；《風澤中孚》遊魂、四世；《風山漸》歸魂、三世。

震宮木兆

《震為雷》八純、上世；《雷地豫》一世；《雷水解》二世；《雷風恒》三世；《地風升》四世；《水風井》五世；《澤風大過》遊魂、四世；《澤雷隨》歸魂、三世。

巽宮木兆

《巽為風》八純、上世；《風天小畜》一世；《風火家人》二世；《風雷益》三世；《天雷无妄》四世；《火雷噬嗑》五世；《山雷頤》遊魂、四世；《山風蠱》歸魂、三世。

離宮火兆

《離為火》八純、上世；《火山旅》一世；《火風鼎》二世；《火水未濟》三世；《山水蒙》四世；《風水渙》五世；《天水訟》遊魂、四世；《天火同人》歸魂、三世。

坤官土兆

《坤為地》八純、上世；《地雷復》一世；《地澤臨》二世；《地天泰》三世；《雷天大壯》四世；《澤天夬》五世；《水天需》遊魂、四世；《水地比》歸魂、三世。

兌宮金兆

《兌為澤》八純、上世；《澤水困》一世；《澤地萃》二世；《澤山咸》三世；《水山蹇》四世；《地山謙》五世；《雷山小過》遊魂、四世；《雷澤歸妹》歸魂、三世。

變卦例

《乾為天》，自下一爻變起，初變陰，《天風姤》。二變陰，《天山遯》。三變陰，《天地否》。四變陰，《風地觀》。五變陰，《山地剝》。上爻為主，不動。再變四為陽，《火地晉》。再將內卦三爻，全部變為陽爻㊀，《火天大有》。餘見後通變部。

校勘記

㊀原本無「《火地晉》。再將內卦三爻，全部變為陽爻」，據其變卦體例和原理，補入此內容。

乾宮八卦變卦表			
乾宮首卦	乾宮第二卦	乾宮第三卦	乾宮第四卦
乾為天	天風姤	天山遯	天地否
䷀	䷫	䷠	䷋
八純卦	初變陰	二變陰	三變陰
乾宮第五卦	乾宮第六卦	乾宮遊魂卦	乾宮歸魂卦
風地觀	山地剝	火地晉	火天大有
䷓	䷖	䷢	䷍
四變陰	五變陰	再變四為陽	內三爻全變陽

起世應

八純卦，世上。初爻變，一世卦。二爻變，二世卦。三爻變，三世卦。四爻變，四世卦。五爻變，五世卦。復卦四爻變，遊魂卦。再總變下三爻，歸魂卦。

一世卦，應在四。二世卦，應在五。三世卦，應在上。四世卦，應在初。五世卦，應在二。八純卦，應在三。遊魂卦，應在初。歸魂卦，應在上。

彼為應，世為我。應為晦，世為貞。

飛伏例

持世納甲為飛神，本宮納甲為伏神。八純與歸魂，以本宮持世為飛神，相配卦持世為伏神。乾與坤，坎與離，震與巽，艮與兑，皆相配也。

假如乾卦上爻壬戌持世，是飛神。坤卦上爻癸酉持世，即癸酉是乾家伏神也。餘倣此。

虎易按：「持世納甲為飛神，本宮納甲為伏神」，指本卦世爻納甲為飛神，本宮與本卦世爻相同爻位的納甲為伏神。「八純與歸魂，以本宮持世為飛神，相配卦持世為伏神」，指八宮的八純與歸魂兩個卦，因為是本宮納甲持世，所以，就採用與之相配的對宮卦持世納甲為伏神。讀者可參閱《京氏易傳》世爻飛伏表，理解此節內容。

《京氏易傳》世爻飛伏表

八宮	八純 上世	一變 初世	二變 二世	三變 三世	四變 四世	五變 五世	遊魂 四世	歸魂 三世
乾宮	乾 壬戌土 癸酉金	姤 辛丑土 甲子水	遯 丙午火 甲寅木	否 乙卯木 甲辰土	觀 辛未土 壬午火	剝 丙子水 壬申金	晉 己酉金 丙戌土	大有 甲辰土 乙卯木
震宮	震 庚戌土 辛卯木	豫 乙未土 庚子水	解 戊辰土 庚寅木	恒 辛酉金 庚辰土	升 癸丑土 庚午火	井 戊戌土 庚申金	大過 丁亥水 戊申金	隨 庚辰土 辛酉金
坎宮	坎 戊子水 己巳火	節 丁巳火 戊寅木	屯 庚寅木 戊辰土	既濟 己亥水 戊午火	革 丁亥水 戊申金	豐 庚申金 戊戌土	明夷 癸丑土 庚午火	師 戊午火 己亥水
艮宮	艮 丙寅木 丁未土	賁 己卯木 丙辰土	大畜 甲寅木 丙午火	損 丁丑土 丙申金	睽 己酉金 丙戌土	履 壬申金 丙子水	中孚 辛未土 壬午火	漸 丙申金 丁丑土
坤宮	坤 癸酉金 壬戌土	復 庚子水 乙未土	臨 丁卯木 乙巳火	泰 甲辰土 乙卯木	大壯 庚午火 癸丑土	夬 丁酉金 癸亥水	需 戊申金 丁亥水	比 乙卯木 甲辰土
巽宮	巽 辛卯木 庚戌土	小畜 甲子水 辛丑土	家人 己丑土 辛亥水	益 庚辰土 辛酉金	无妄 壬午火 辛未土	噬嗑 己未土 辛巳火	頤 丙戌土 己酉金	蠱 辛酉金 庚辰土
離宮	離 己巳火 戊子水	旅 丙辰土 己卯木	鼎 辛亥水 己丑土	未濟 戊午火 己亥水	蒙 丙戌土 己酉金	渙 辛巳火 己未土	訟 壬午火 辛未土	同人 己亥水 戊午火
兌宮	兌 丁未土 丙寅木	困 戊寅木 丁巳火	萃 乙巳火 丁卯木	咸 丙申金 丁丑土	蹇 戊申金 丁亥水	謙 癸亥水 丁酉金	小過 庚午火 癸丑土	歸妹 丁丑土 丙申金

身命例

子午持世初為身，丑未持世二為身，寅申持世三為身，卯酉持世四為身，辰戌持世五為身，巳亥持世上為身。占卦人本肖屬①為命。

虎易按：本書「身命例」內容，「身」，指以世爻所屬地支，確定「身」之爻位，即「世身」。「命」，指占卦人生肖屬相。

世身之說，起源於《卜筮元龜•推占來情休旺吉凶要決章》，原文曰：「子午為世身在初，丑未為世身在二，寅申為世身在三，卯酉為世身在四，辰戌為世身在五，巳亥為世身在六」。本書內容與其有些差異，但意思都一樣。讀者要注意，不要和「月卦身」搞混淆了。

《卜筮全書•黃金策總斷•千金賦》曰：「世人多以『子午持世身居初』之身爻用之，多有不驗，且未曉其義。予見《卜易玄機》、《金鎖玄關》，明卦身之身，甚為得旨。故舍彼而取此焉」。

《易隱》曰：「凡卦之身，用之為重，世之身司事還輕。世若不空不破，不須論身。世或空破，禍福方憑身象。蓋取身以代世之勞耳」。

《增刪卜易》曰「奈何卜筮諸書，舛錯悖謬，令人反無定見」。「古用卦身、世身，余試不驗而不用」。

以上幾本書的作者論述，也充分說明，論卦還是應以世爻為準。古有此說，予以保留。有興趣的讀者，也可以在實踐中去應用，看是否有應用價值。

注釋

①本肖屬：指本人生肖屬相。如子年生肖屬鼠。

六十四卦世身定例

巳亥持世身在六爻	卦名	大過	節	既濟	革	離	鼎	渙	同人	萃	謙	
	世爻	丁亥	丁巳	己亥	丁亥	己巳	辛亥	辛巳	己亥	乙巳	癸亥	
	世身	丁未	戊子	戊子	丁未	己巳	己巳	辛卯	壬戌	丁未	癸酉	
辰戌持世身在五爻	卦名	乾	大有	震	解	井	隨	泰	益	頤	旅	蒙
	世爻	壬戌	甲辰	庚戌	戊辰	戊戌	庚辰	甲辰	庚辰	丙戌	丙辰	丙戌
	世身	壬申	己未	庚申	庚申	戊戌	丁酉	癸亥	辛巳	丙子	己未	丙子
卯酉持世身在四爻	卦名	否	晉	恒	賁	睽	坤	臨	夬	比	巽	蠱
	世爻	乙卯	己酉	辛酉	己卯	己酉	癸酉	丁卯	丁酉	乙卯	辛卯	辛酉
	世身	壬午	己酉	庚午	丙戌	己酉	癸丑	癸丑	丁亥	戊申	辛未	丙戌
寅申持世身在三爻	卦名	屯	豐	艮	大畜	履	漸	需	困	咸	蹇	
	世爻	庚寅	庚申	丙寅	甲寅	壬申	丙申	戊申	戊寅	丙申	戊申	
	世身	庚辰	己亥	丙申	甲辰	丁丑	丙申	甲辰	戊午	丙申	丙申	
丑未持世身在二爻	卦名	姤	觀	豫	升	明夷	損	中孚	家人	噬嗑	兌	歸妹
	世爻	辛丑	辛未	乙未	癸丑	癸丑	丁丑	辛未	己丑	己丑	丁未	丁丑
	世身	辛亥	乙巳	乙巳	辛亥	己丑	丁卯	丁卯	己丑	庚寅	丁卯	丁卯
子午持世身在初爻	卦名	遯	剝	坎	師	復	大壯	小畜	无妄	未濟	訟	小過
	世爻	丙午	丙子	無子	戊午	庚子	庚午	甲子	壬午	戊午	壬午	丙午
	世身	丙辰	乙未	戊寅	戊寅	庚子	甲子	甲子	庚子	戊寅	戊寅	丙辰

定卦主

靜以世為主，應為應。一爻動，以本卦動爻為主，變卦動爻為應。二爻動，以上動爻為主，後動爻為應。三爻動，以動爻為主，不動為應。四爻動，以下爻為主，仍看之卦不變爻。五爻動，以靜爻為主，變卦靜爻為應。六爻俱動，以本卦世為主，變卦世為應。凡三爻以上爻動，主事不一，謂之亂動。若亂動時，只以所占爻為主，占財以財為主是也。

定六親

生我為父母，我生為子孫，剋我為官鬼，我剋為妻財，比和為兄弟。

常以本宮所屬為我，納甲所屬為彼。

假如《姤》卦：

《周易尚占》教例：001		
乾宮：天風姤		
本　　卦		
父母壬戌土	▅▅▅▅▅	
兄弟壬申金	▅▅▅▅▅	
官鬼壬午火	▅▅▅▅▅	應
兄弟辛酉金	▅▅▅▅▅	
子孫辛亥水	▅▅▅▅▅	
父母辛丑土	▅▅　▅▅	世

初爻納甲辛丑土，本宮屬金，土生金，為父母也。餘依此。

虎易按：《大易斷例卜筮元龜•五位配卦》曰：「以卦宮所屬為我，渾天甲所屬為他也。生我者為父母，我生者為子孫，剋我者為官鬼，我剋者為妻財，比和者為兄弟」。

按此配六親規則，本卦六親的確定，是以卦宮所屬的五行為「我」，以「我」為核心，按卦中各爻所配地支五行，根據「生我、我生、剋我、我剋、比和」五種相互關係，去確定其他六親。

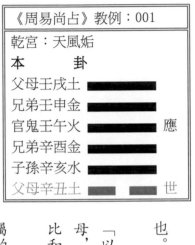

《京氏易傳》乾卦配納甲、五行、六親、世應例

乾為天卦形	《京氏易傳•乾》	納甲五行	乾卦配六親	六親	世應
⚊	宗廟上建	壬戌土	戌亥《乾》之位	父母	世
⚊	金入金鄉木漸微	壬申金	是《乾》之兄弟	兄弟	
⚊	火來四上嫌相敵	壬午火	是《乾》之官鬼	官鬼	
⚊	土臨內象為父母	甲辰土	是《乾》之父母	父母	應
⚊	木入金鄉居寶貝	甲寅木	是《乾》之妻財	妻財	
⚊	水配位為福德	甲子水	是《乾》之子孫	子孫	

八宮的五行屬性：《乾》、《兌》屬金，《坤》、《艮》、屬土，《震》、《巽》、屬木，《坎》屬水，《離》屬火。

讀者可參考下面所附「《京氏易傳》乾卦配納甲、五行、六親、世應例」，理解京氏易納甲六親占卦法配六親的體例。

例如《乾》宮屬金，凡成卦得《乾》宮八個卦，即以屬金的五行為「我」，金與金為比和，以卦中屬金的爻配為兄弟，以生金的土爻配為父母，以金生的水爻配為子孫，以剋金的火爻配為官鬼，以金剋的木爻配為妻財。

其他各宮卦爻的六親配置，均做此例。

由於不同的卦宮，所屬五行不同，因此，只有同一卦宮的卦，相同五行才有相同六親。不同卦宮的卦，相同五行，其六親並非一樣。

定六神

青龍木神，朱雀火神，勾陳土神，白虎金神，玄武水神。

甲乙日起青龍，丙丁日起朱雀，戊日起勾陳，己日起螣蛇，庚辛日起白虎，壬癸日起玄武。

假如甲乙日起青龍，第二朱雀，三勾陳，四螣蛇，五白虎，上玄武。

持身世及動者。餘依此。

日天干配六神表

天幹／爻位	甲乙日	丙丁日	戊日	己日	庚辛日	壬癸日
上爻	玄武	青龍	朱雀	勾陳	螣蛇	白虎
五爻	白虎	玄武	青龍	朱雀	勾陳	螣蛇
四爻	螣蛇	白虎	玄武	青龍	朱雀	勾陳
三爻	勾陳	螣蛇	白虎	玄武	青龍	朱雀
二爻	朱雀	勾陳	螣蛇	白虎	玄武	青龍
初爻	青龍	朱雀	勾陳	螣蛇	白虎	玄武

論四直

年建天符太歲居，月建青龍為直符，日建傳符宜發動，時辰直事次傳符。

假如子年，子爻動，青龍臨子爻，是持水神也。又如正月，寅爻動，為月建青龍也。又如子日，子爻動，朱雀臨之，是傳符持火神也。又如午時，午爻動，臨白虎，是直事持金神也。

決斷部第四（凡六章）

六親斷例

父母持世及身宮，旺相文書喜信通，田宅禾苗皆遂意，占身問病卻成凶。
　父母化父母，文書定相許，化子進人丁，化鬼身遷舉，化財宅長憂，兄弟本身取。
子孫持世為福神，事成憂散谷財榮，占胎問病重重吉，謁貴求官反不亨。
　子孫化子孫，人情兩稱情，化父田蠶旺，化財加倍榮，化鬼憂産病，兄弟必相爭。
官鬼持世必得官，文書印信兩相看，占婚問病俱凶犯，破宅傷財身不榮。
　官化官為祿，求官宜疾速，化財占病凶，化父文書逐，化子必傷官，化兄家不睦。
陰為妻妾陽為財，持世持身總稱懷，財谷田蠶收百倍，若占病産鬼為胎。
　妻財化妻財，錢龍入宅來，化官憂戚戚，化子笑哈哈，化父宜家宅，化兄當破財。
陽為兄弟陰姊妹，所問所謀皆退悔，縱使福神同位臨，到頭不遂空勞費。
　兄弟化兄弟，凡占無所利，化父父憂驚，化財財未遂，化官身有災，化子卻如意。

　虎易按：此歌訣論述六親持世，或者六親發動後，變化出的六親，對該動爻及所求測事物産生的影響。只是一般泛論，讀者應根據具體的六親持世及變化，以及相關的分析判斷原理，對照原文，逐句思考理解，去辨別和分析，在實踐中應用。

六神斷例

發動青龍萬事通，進財進祿福無窮，臨凶遇殺都無礙，惟忌臨金與落空。
朱雀交重文印旺，殺神相並謾勞功，是非口舌皆因此，持水臨空卻利公。
勾陳發動憂田土，累歲迍邅①為殺逢，持木落空方脫灑，縱然安靜也迷蒙。
騰蛇發動憂榮碎，怪夢陰魔暗裡逢，持木落空方始吉，交重旺相必然凶。
白虎交重驚怪事，求官臨鬼反豐隆，持金世殺妨人口，遇火加空卻不同。
玄武動搖多暗昧，若臨旺相賊交攻，土㈠爻相並邪無犯，帶殺依然咎在躬。

虎易按：此歌訣論述六神喜忌，以及六神對所求測事物產生的影響。只是一般泛論，讀者應根據六神屬性及喜忌，以及相關的分析判斷原理，對照原文，逐句思考理解，去辨別和分析，在實踐中應用。

注釋

①迍邅（zhūn zhān）：處境艱險，前進困難。形容境遇困頓不順。

校勘記

㈠「土」，原本作「上」，疑誤，據《卜筮全書·六神歌斷》原文改。

天符斷例

年建為天符　子年子爻動方斷。假如子年子爻動，臨青龍木神也。

天符青龍木，發動加官祿，在外益㊀資財，內搖生㊁眷屬。
天符朱雀火，文書非小可，殺並是非生，內搖家事瑣。
天符勾陳土，田蠶十分許，殺並事勾連，螣蛇同類取。
天符白虎金，經營必稱心，殺神如並者，禍患定來侵。
天符玄武水，陰私並賊鬼，若與吉神㊂交，變憂而成喜。

校勘記

㊀「益」，原本作「盜」，疑誤，據《卜筮全書•年建天符》原文改。
㊁「生」，原本作「憂」，疑誤，據《卜筮全書•年建天符》原文改。
㊂「神」，原本作「人」，疑誤，據《卜筮全書•年建天符》原文改。

直符斷例

月建為直符

月建為青龍，動則不雷同，內搖人口旺，外動祿財豐。
前三為朱雀，文書不待約，吉助有升遷，殺交遭繫縛。
後三為玄武，所謀皆不許，在外損錢財，在家憂宅主。
對宮為白虎，凡占當忌取，外動有憂驚，內搖生疾苦㊀。
後一為勾陳，連連㊁碎事侵，旺相尤為咎，休囚禍更深。
騰蛇正起辰，逐月逆流行，內外皆為咎，空亡卻稱情。

虎易按：「月建為青龍」，指正月從寅上起青龍。「前三為朱雀」，指正月從寅前三位的巳上起朱雀。「後三為玄武」，指正月從寅後三位的亥上起玄武。「對宮為白虎」，指正月從與寅對宮的申上起白虎。「後一為勾陳」，指正月從寅後一位的丑上起勾陳。「騰蛇正起辰，逐月逆流行」，指正月從辰上起騰蛇，逐月逆行十二月。除騰蛇起例為逆行外，其他都是順行。

月建六神例

六神＼月建	正月	二月	三月	四月	五月	六月	七月	八月	九月	十月	十一月	十二月
青龍	寅	卯	辰	巳	午	未	申	酉	戌	亥	子	丑
朱雀	巳	午	未	申	酉	戌	亥	子	丑	寅	卯	辰
勾陳	丑	寅	卯	辰	巳	午	未	申	酉	戌	亥	子
騰蛇	辰	卯	寅	丑	子	亥	戌	酉	申	未	午	巳
白虎	申	酉	戌	亥	子	丑	寅	卯	辰	巳	午	未
玄武	亥	子	丑	寅	卯	辰	巳	午	未	申	酉	戌

校勘記

㊀「內搖生疾苦」，原本作「休囚禍更深」，疑誤，據《卜筮全書•月建直符》原文改。

㊁「連連」，原本作「連速」，疑誤，據《卜筮全書•月建直符》原文改。

傳符斷例

日建為傳符 子日子爻動方斷

日建加青龍，財祿喜重重，朱雀宜施用，勾陳事未通。
騰蛇多怪異，白虎破財凶，玄武陰私撓，應在日辰中。

神殺斷例

問喜宜天喜，消憂天解星，大殺休施用，咸池莫問婚。
病遇天醫瘥①，囚因血忌刑，求雨占雷殺，占身忌殺神㊀。
往亡休出入，負結好饒人，三丘並五墓，飛廉及浴盆。
四般休問病，占孕亦憂驚，公訟忌刑害，亡劫事難伸。
遇死憂凶事，逢生吉慶生，三合與六合，內外總光亨。
天德與月德，萬事得圓成，吉凶隨例斷，慎勿順人情。
凶處忌有氣，吉處忌凶神，子旬無戌亥，六甲細推輪。

虎易按：此歌訣論述各種神殺的一般應用情況，讀者可根據各種神殺所表示的含義，在實踐應用中去對應。神煞的作用，在於輔助分析判斷事物，吉神只有遇上對用神有利的情況下則可論吉，凶神也只有遇上對用神不利的情況下方可論凶。

注釋

①瘥（chài）：病癒。

校勘記

㈠「占身忌殺神」，原本作「占身吉殺寧」，疑誤，據《卜筮全書·神殺斷例》原文改。

周易尚占 卷中

三材部第五（凡五章）

陰晴雨晦章

乾為天象震雷龍，坎兌為陰巽起風，坤艮往來無雨順，火山爻動日和融。
乍①雨乍晴離坎並，半陰半晦兌離重，殺臨未濟終須濟，既濟雖陰雨不充。
巽入坎來風後雨，凡臨坤位細濛濛，畜過密雲終不雨，隨臨有雨歲時豐。
天地不交膏不降，陰陽方並謝天工，八純火動遊魂木，火傘炎炎張太空㈠。
地火明夷天色晦，火雷噬嗑電光紅，離爻帶殺晴明斷，朱雀飛揚事一同。
大有不重天朗朗，同人安靜日烘烘，晉有龍爻終雨少，屯無雷殺只雲濃㈡。
龍動澤山咸大吉，虎交天水訟無功，勾陳帶土來持世，縱有陰雲不濟農。
玄武水爻霖②復作，青龍木德澤無窮，坎宮雷殺交重並，大雨傾盆霹靂攻。
最喜子辰來坎位，卻嫌戌午到離宮，陽重陰現陰須準，陰變陽爻陽不從。
壬丙電光禾穀潤，乙庚雷雨歲興隆，應身白虎成虛設，競世勾陳更不終。

玄武剋身收稻穀，火神傷世損田公，純陽安靜多應旱，雖動遊魂理不容。
內外相生奇合偶，霧密大作物亨通，雷殺水神雙入坎，不憂無雨卻憂洪。
火神變水龍加虎，東畔才陰西見虹，不動龍爻玄武水，徒勞舉目望蒼穹③。
欲占雨信期何日，水旺龍生身對沖，龍水身雷俱不動，九江四瀆被天封。
艮火相交可決晴，水衰火旺日光明㊂，占晴但看庚交甲，止雨休教甲變庚。
庚甲互交龍虎助，狂風猛雨聽雷聲㊃，火神雷殺加離位，一聲霹靂赤天晴。

注釋

①乍（zhà）：忽然；剛；才。

②霖（lín）：久下不停的雨。

③蒼穹（cāng qióng）：蒼天；天空。

校勘記

㊀「火傘炎炎張太空」，原本作「火傘炎張日大空」，疑誤，據《卜筮全書•闡奥歌章•陰晴雨晦章》原文改。

㊁「屯無雷殺只雲濃」，原本作「純無雷殺只雲濃」，疑誤，據《卜筮全書•闡奥歌章•

陰晴雨晦章》原文改。

㊂「水衰火旺日光明」，原本作「水宮大旺日光明」，疑誤，據《卜筮全書•闡奧歌章•陰晴雨晦章》原文改。

㊃「狂風猛雨聽雷聲」，原本作「連連大雨及車轟」，疑誤，據《卜筮全書•闡奧歌章•陰晴雨晦章》原文改。

禾苗田地章

應為種子世為田，世應相生獲十全，種子剋田猶小吉，世來剋應儉時年。
財爻旺相禾豐足，發動子孫為大福，更得青龍天喜重，高低遠近皆成熟。
子孫發動合天符，財與龍爻出現扶，無殺無沖倉廩①實，若逢二㊀耗卻成虛。
交重官鬼應難斷，金鬼蝗蟲火鬼旱，大殺同宮總不收，發動㊁喜神猶減半。
鬼爻扶鬼水來傷，土木同宮卻不妨，鬼化㊂為財宜晚種，財交父母兩重祥。
官爻旺相渾無望，鬼化空亡事反常，財在外重遲下種，龍來內發早移秧。
六爻安靜禾平善，亂動青苗必受殃，妻財二耗同時同，雖熟應知半入倉。

內外相生無殺害，七分成熟莫商量，財來金舍收千倍，財入空亡便莫望。
龍與子孫同類取，剋身持世谷無疆，若逢朱雀交重惡，白虎當頭總不良。
玄武更加官鬼並，雖收一半屬官糧，火天大有都成熟，地火明夷盡地荒。
天地不交休指望，陰陽和合好收藏，吉凶悔吝分明斷，立位旁通更審詳。

注釋

①倉廩（lǐn）：貯藏米穀的倉庫。

校勘記

㊀「二」，原本作「三」，疑誤，據《卜筮全書·闡奥歌章·陰晴雨晦章》原文改。
㊁「動」，原本作「同」，疑誤，據《卜筮全書·闡奥歌章·陰晴雨晦章》原文改。
㊂「化」，原本作「落」，疑誤，據《卜筮全書·闡奥歌章·陰晴雨晦章》原文改。

住居宅地章

住宅休占火澤睽，鬼臨人口定分離，龍交大壯人財旺，虎並同人宅舍衰。

二畜見龍財帛進，殺爻兩過棟樑摧，貴持震巽生財本，喜入風雷立福基。
離坎交重宜謹慎，艮坤安靜莫遷移，戶無徭役占逢賁㊀，家有餘糧卜得頤。
田宅豐隆因大有，血財傷損為明夷，乾坤旺相增人口，澤地生成聚寶資。
革鼎長男能幹事，晉升宅長有操持，妻財內旺為財斷，官鬼爻興作怪推。
木鬼壽棺停有日，金官硬物藏多時，休囚銅鐵皆先定，旺相金銀盡預知。
水鬼井池中出現，土官牆壁內偷窺，火官內動無他事，古器多年再發輝。
剋世剋身都不用，生身生世始堪①為，水財內旺宜穿井，內發土財堪作池。
金旺妻財金玉進，火財內發火光飛，木財到底宜營造，若犯空亡總是非。
子孫空亡家絕後，父母空亡宅必危，父母身子都旺相，人財資益莫猜疑。
更兼天喜青龍助，富貴康寧天賜伊。

注釋

①堪（kān）：能夠；可以。

校勘記

㊀「賁」，原本作「貴」，疑誤，據《卜筮全書·闡奧歌章·住居宅第章》原文改。

移徙章

遷居先以動爻求，動爻旺相決無憂，初爻旺相鄉村吉，二爻旺相好居州。
三爻市井四坊鎮，五近京師事最優，上爻好向山林住，龍扶子動獲祥休。
白虎當頭休妄動，螣蛇纏足莫往謀①，朱雀交重防口舌，玄武遷移被賊偷。
朱雀又臨官鬼位，官司口舌有來由，那更剋身無主世，身遭重厄訟遭囚。
六爻安靜休搬動，亂動移居又不休，外剋內兮應剋世，舊宅不如新宅利。
內剋外兮世剋應，到底只宜居舊地，世應相生內外和，守舊遷居總如意。
若教動處落空亡，不利遷移利守常，五世遊魂搬則利，內爻旺相住無妨。
忽然內外俱衰敗，守則災危搬受殃，鬼化子孫移富貴，財爻化鬼住安康。

注釋

①往（wǎng）謀：急切的謀求。

墳塚章

若占墳塚①靜為強，發動之時便反常，初世出官為大吉，二爻持世次為良。
三爻主世平平穩，四爻半吉保安康，五與上爻俱永好，遊魂後代必為商。
歸魂猶自三分好，若值八純全有妨，為甚乾坤無忌諱，高低無物不包藏。
未葬之先亡在外，既葬須知內是亡，內外相生為大吉，比和決定福難量。
殺交內外還相剋，損宅破財災幾場，青龍旺相來持世，管取存亡獲吉祥。
乾坤不動墳安穩，龍喜交重家道昌，五墓劫神傷子息，三丘陰殺損妻房。
世旺生身官入墓，子孫代代入朝堂，殺臨父母憂家長，劫犯陰爻宅母當。
鬼爻不動亡人吉，身位無交祭主康，破家只為財為鬼，發福多因陰及陽。
衝破臨身終有礙，合神持世卻無妨。陰交為穴要先知，初與二爻宜葬基。
三爻與四平平地，五六高原信可宜，穴是金爻宜土白，火爻土赤更無疑。
土穴畢竟知黃土，若是水穴黑淄②泥，木穴土青須有準，木神旺相有根③梯。
水爻旺相須逢水，土旺應知石是奇，旺在火炎須有器，金爻旺相物光輝。
福德青龍兼並者，斷然嘉瑞應臨期，青龍持世地曲屈，前有木橋兼水池。
朱雀持世鳳凰勢，近路周圍有樹依，勾陳持世地拱揖，四畔有山前後圍。

騰蛇持世彎弓勢，左右伏山低又齊，白虎持世南流水，玄武尖峰朝地基。
卦無父母墳荒廢，卦無兄弟成孤勢㊀，卦無官鬼不宜官，卻是尋常平穩地。
卦無丑未少羊牛，卦無戌酉雞犬亡，十二爻神依此例，窮通休旺細消詳④。

注釋

①墳塜（fénzhǒng）：用土堆成的墳包。亦作「墳冢」。墳墓。
②淄（zī）：黑色。
③拫（hén）：牽引。
④消詳：端詳，揣摩。

校勘記

㊀「卦無兄弟成孤勢」，原本脫漏，據《御定卜筮精蘊·陰宅》原文補入。

人事部第六（凡四章）

身命章

凡占身世要先知，神殺交重次第推，身旺龍池多吉慶，身衰虎並定猶疑。
子孫持世明時喜，兄弟臨身悔且危，切忌勾陳連鬼旺，卻宜天喜與財依。
妻財陽位財豐厚，陰位妻財妻子宜，祿馬貴人三合併，臨身妙義福根基。
子孫發動添人口，父母交重官可期，內卦㈠為身外為命，身命比和任意為。
世為身兮應為命，世應相生更是奇，世命應身刑又剋，不傷自己即傷妻。
妻財不現財無聚，卦沒子孫難立兒，更將八卦推心屬，內坎機圓心事足。
內兌柔和有主張，內乾果斷無私曲，離明坤厚性融通，巽順艮卑謙自牧。
身命但能依此推，青龍天喜皆為福。

校勘記

㈠「內卦」，原本作「卦內」，疑誤，據《卜筮全書・闡奧歌章・身命章》原文改。

六親章

立本先推父母鄉，青龍同位最為祥，騰蛇白虎憂尊長，玄武勾陳宅母當。
父母休囚離祖早，兩重父母過親房，殺神朱雀同時並，重病如何得離床。
子孫持世為全吉，若值青龍子異常，子值勾陳多樸實，子交朱雀主文章。
騰蛇犯子愚而濁，白虎持孫勇且強，玄武子孫同位發，男為盜賊女倡狂。
子孫若值遊魂卦，此子生來好遠方，陽化陰爻端正女，陰交陽體秀才郎。
妻財發動青龍助，因妻致富妙難量，財臨朱雀妻賢慧，財犯勾陳妻病殃。
騰蛇共位妻應拙①，白虎同行妻性㊀剛，妻臨玄武多陰㊁暗，心意瞞人必不良。
兩位妻財俱旺相，一妻一妾美容光，卦若無妻常獨自，妻子安靜保安康。
妻財合世夫妻順，妻位生身家道昌，官鬼青龍同一位，家榮子貴壽延長。
朱雀並官多訟事，勾陳帶鬼損田莊，騰蛇犯鬼多縈繫，白虎交官身有傷。
玄武當官奸與盜，兩重官鬼必憂喪，若占官府反為吉，福厚官高名譽揚。
兄弟加龍猶且可②㊂，若同朱雀必相妨，騰蛇白虎皆凶兆，玄武勾陳總不祥。
吉處只宜常旺相，凶爻卻要㊃落空亡。

注釋

①拙（zhuō）：笨拙，不靈活。

②且可：暫且。

校勘記

㈠「性」，原本作「命」，疑誤，據《卜筮全書·闡奧歌章·六親章》原文改。

㈡「陰」，原本作「臨」，疑誤，據《卜筮全書·闡奧歌章·六親章》原文改。

㈡「猶且可」，原本作「猶且且」，疑誤，據《卜筮全書·闡奧歌章·六親章》原文改。

㈢「要」，原本作「怪」，疑誤，據《卜筮全書·闡奧歌章·六親章》原文改。

婚姻章

內身陽鬼丈夫持，外應財陰總是妻，世應相生婚大吉，比和世應配相宜。
青龍六合扶為美，三合子孫臨更奇，應動三刑刑莫問，外交六害害無疑。
三爻並偶生成少，立位純陽生育稀，男女和同咸泰益，夫妻反目革睽離。
夫宮陽壯妻難保，姤卦陰強家不齊，不有其躬蒙裡斷，夫征不復漸中推。
一奇一偶成親順，雙鬼雙財匹配違，殺在妻財妻子厄，殺臨官鬼丈夫衰。

妻財官鬼青龍助，富貴男兒福德妻，官鬼兩重相剋應，女人曾許兩家期。
白虎臨財莫問婚，勾加官位剋夫身，殺臨兄弟多爭競，朱雀臨身公訟陳。
勾陳陰殺休求女，玄武值財休問親，龍並子孫全吉兆，喜重父母福相因①。
坤變坎宮男破體，乾來離位女非真，欲知女子如何性，坎主心聰艮沉靜。
兌心和柔巽必恭，坤爻寬厚乾剛正，文明女子為逢離，智慧男兒因見震。
乾宮面部大㊀而寬，坤主魁肥②莫小看，艮卦決然身體小，坎爻定是臉團圞③。
兌家女子瑩而白④，震位妻兒奇且端，巽體容顏如瑞雪，離宮和潤可人觀。
有亡有劫都無用，無子無財總不堪。

注釋

①相因：相依。
②魁（kuí）肥：高大肥壯。
③團圞（luán）：形容圓貌。
④瑩而白（yíng）：晶瑩潔白。

校勘記

㊀「大」，原本作「天」，疑誤，據《卜筮全書・闡奧歌章・婚姻章》原文改。

胎孕章

占產先須看子孫，子孫旺相吉堪論，母宮無殺為祥兆，子上加龍是善根。
易產好占離與兌，難生休卜艮和坤，坎乾龍動身無慮，震巽㊀勾陳命不存。
父母莫教臨白虎，若臨其上必亡魂，騰蛇持世憂陰殺，玄武臨身忌浴盆。
最忌土爻埋子㊁位，更嫌刑殺剋兒孫，子孫發動忌空亡，白虎勾陳並不祥。
子變為官胎裡死，官爻為子產而亡，母重子動俱難保，母靜子安皆吉祥。
子母兩爻都旺相，有龍有喜便安康，陰宮陽現奇男子，陽變陰爻好女娘。
子與母爻雖發動，青龍持世亦無妨，子孫重見龍交喜，決定齊生子一雙。
欲叩①孩兒分娩日，胎神衝破子生方。

注釋

①欲叩（kòu）：準備詢問。

校勘記

㊀「巽」，原本作「兌」，疑誤，據《火珠林·占孕產》「《震》《巽》《艮》《坤》在下卦，主逆產」之意改。

㊁「子」，原本作「本」，疑誤，據《卜筮全書·闡奥歌章·婚姻章》原文改。

三教部第七（凡四章）

僧道章

道士緇流①來問卜，身安世靜最為先，身爻剋世堪謀㊀用，世應比和樂自然。
世若剋身當退守，財來剋世好求緣，六爻不動為清福，一位交重事變遷。
財扶世上能施利，鬼交偏好謁官員，世臨白虎官司撓，身遇勾陳心事纏。
母剋身師接引，青龍持世貴周全，勾陳帶殺多魔障②，玄武㊁臨財被賊冤。
兄弟勾陳同位動，謹防法眷③外勾連，貴交父母師通聖，龍並子孫徒弟賢。
父母重重身受剋，斷然身被俗家牽，財空注疏徒勞力，鬼旺營謀枉費錢。
亂動切須休入寶，八純卻好去參玄，艮坤只好棲岩谷，離巽偏宜隱市廛④。
龍虎交馳宜訪道，坎離輻輳⑤好安禪，遊魂帶殺休雲水，一世休囚莫置田。
子動妻交還俗漢，世空身旺地行仙，身空不動頭頭道，應旺無魔處處禪。
應偶世奇㊂生又合，神清身靜壽綿綿，忽然負結財身動，未免填還俗債冤。
世應不和身妄動，了身達命待驢年，木神㊃太歲臨身命，即日逢神得正傳。
太歲火神加父母，天邊恩命定來宣，問予末後天機㊄事，拈起筆來畫個〇。

注釋

①緇（zī）流：緇流：僧徒。僧尼多穿黑衣，故稱。

②魔障（mó zhàng）：亦作「魔瘴」。佛教用語。為梵文的音義雙譯詞。指惡魔所設的修身的障礙。泛指成事的波折、障礙、磨難。

③法眷：佛教語。指共同修行的道友。

④市廛（chán）：指店鋪集中的市區。

⑤輻輳（fúcòu）：也作「輻湊」。形容人或物聚集，像車輻集中于車轂一樣。

校勘記

㈠「謀」，原本作「諶」，疑誤，據《卜筮全書•闡奥歌章•僧道章》原文改。

㈡「玄武」，原本作「官鬼」，疑誤，據《卜筮全書•闡奥歌章•僧道章》原文改。

㈢「奇」，原本作「持」，疑誤，據《卜筮全書•闡奥歌章•僧道章》原文改。

㈣「木神」，原本作「本身」，疑誤，據《卜筮全書•闡奥歌章•僧道章》原文改。

㈤「機」，原本脫漏，據《卜筮全書•闡奥歌章•僧道章》原文補入。

儒業章

凡占儒業究諸身，身世相生藝必精，父母生身文可立，子孫剋世學無成。
父爻旺相加朱雀，雄辯高言大有聲，兄動妻交身不旺，卻因聰慧誤前程。
陰陽互旺宜參請，內外比和足講明，子旺身空窮措大①，財因世廢困書生。
兄弟若犯螣蛇上，縱有文章不顯名，玄武剋身休合伴，勾陳傷世莫親朋。
青龍持世功名大，天喜同官道業亨，朱雀並財宜作館，勾陳同鬼莫遊行。
世應既和身又旺，上書獻策必圖成，日辰龍德俱生旺，縣宰州官力主盟②。
祿馬貴人臨月建，公侯任責職非輕，天符值土應非阻，月建持金必有驚。
父母最宜逢六合，世身切忌犯三刑，刑殺剋身兼剋世，陷身取辱誤平生。
朝君不可逢屯蹇，面聖偏宜見晉升，那更天符持木德，高遷重任祿光榮。

注釋

①措大：舊指貧寒失意的讀書人。
②力主盟：極力主張並主持。

蒙童章

蒙童幼學子先推，子會青龍為上奇，朱雀剋身多智慧，勾陳持土大愚癡①。
卦無父母難垂訓，身犯亡神爭禁持，朱雀空亡無學問，青龍旺相有鎡基②。
龍生身世攻書子，馬旺遊魂翹課兒，父母喜神同位動，斷然博學廣文知。
兩重父母多移學，亂動無常不守規，朱雀入離能寫字，青龍入兌會吟詩。
坤宮變動能修德，乾上交重會滑稽③，乾震交重成事早，艮坤安靜立身遲。
姤屯蹇困災須準，漸晉需升吉可推，地水火風能主事，前程定作貴人師。

注釋

①愚癡（yúchī）：愚昧癡呆。

②鎡（zī）基：才略。

③滑稽（jī）：謂能言善辯，言辭流利。後指言語、動作或事態令人發笑。

教授章

欲求教授訓童兒，情性先將八卦推，離體中虛明且智，坎宮內實信而威。
震雷主動常遊學，巽順無常鎮改移，兌澤和柔能講習，艮山沉靜好謙卑。
乾元剛果多嚴厲，坤土包容足禮儀，父子空亡都莫用，世身衰敗總休推。

營生部第八（凡四章）

求財買賣章

求財交易財為主，發動臨身財必取，卦若無財及㊀落空，一世營謀不堪許。
財爻持世或剋世，一買一賣利百倍，剋身又得青龍扶，積玉堆金何算計。
財爻外動較艱難，財在內與人送至，外生內兮應生世，假使財輕也容易。
應剋世兮世剋身，有財到底難成遂，世應比和身又安，資財平穩無憂滯。
財生庫旺聚錢財，子動龍爻應稱意，財爻若值廢休囚，貨賤如塵宜措置。
財爻旺相貴如金，有貨必須聞早棄，財爻不動財平安，遇殺逢空終破費。
外鬼牽將玄武來，官災盜賊重重晦，劫殺臨財兼剋身，暗昧小人切須忌。
財交驛馬鬼神扶，買賣交成必遇貴，兄弟同人是悔神，財憂財失身憂否。
莫教朱雀又當頭，官司口舌相連累，白虎臨財雖有財，切須忌落入圈䦱①。
折本傷財為什麼，只為妻財化兄弟，子孫化財宜利多，財化子孫更非細。
卻又青龍水上來，摘山運海多饒利，勾陳交鬼必淹留，行貨臨官被賊偷。
忽爾妻財化官鬼，雖然獲利被官收，行商坐賈營財賦，切忌官爻臨本庫。

不是官司送禍來，斷然被賊偷將去，地頭剋身事未周，陰爻必是女人留。
滿船載寶榮歸者，蓋為身爻剋地頭，欲問錢財何日得，應在身財生旺日。
假令②乾用木為財，亥卯日辰為準則。

注釋

①圈圚（huì）：圈套。
②假令：假設。

校勘記

㊀「及」，原本作「反」，疑誤，據《卜筮全書‧闡奧歌章‧求財買賣章》原文改。

六畜血財章

凡占六畜畜為身，假使占牛丑是真，喜見子孫並父母，怕逢劫殺忌亡神。
卦內若無所肖者，卻將八卦象來輪，乾馬坤牛艮狗當，巽雞離雉兌為羊。
震龍艮馬一般斷，坎豕為烏細審詳，巽兌白兮離又赤，乾玄震翠艮坤黃。

更有旁通推本位，次推所屬身宮義，本身旺相保無虞①，若值死囚災立至。
本身發動子孫推，正是生財長育時，更得青龍相助吉，殺神相並及傾危。
本肖空亡分外愁，交重白虎血財憂，午爻帶殺當憂馬，未慮羊兒丑慮牛。
更須推本究宮卦，坤旺牛兮乾旺馬，遇子加龍旺主人，玄武㊀同宮防盜者。
死絕休囚本位持，牛不耕兮馬不騎，更遇殺來應病死，十占八九定無疑。
青龍旺相生財厚，六爻安靜無殃咎，若逢羊刃及三刑，決定遭他屠子手。
財值青龍化子孫，驢騾牛馬保興生，牛強馬壯無他事，外旺乾剛內旺坤。
父母重重化父母，一畜經年三換主，大殺來傷本肖爻，今朝換主明朝死㊁。
困頤噬嗑及明夷，鬼殺交重定剝皮，忽見青龍來救助，決無生育只尪羸②。

注釋

①無虞（yú）：沒有憂患，顧慮。

②尪羸（wāng léi）：亦作「尫羸」。亦作「尩羸」。瘦弱。亦指瘦弱之人。

校勘記

㊀「玄武」，原本作「見武」，疑誤，據《卜筮全書•闡奧歌章•六畜章》原文改。

㊁「死」，原本作「止」，疑誤，據《卜筮全書•闡奧歌章•六畜章》原文改。

蠶桑章

應為蠶子世為人，世應相生福德臻，財是蠶官身是主，身財和合獲珠珍。
主若生蠶多遂意，蠶兒受剋枉勞辛，六爻安靜蠶平穩，一位交重驗㊀六親。
有子有財全吉㊁兆，見兄見鬼大凶徵㊂，交重父母平平斷，旺相休囚逐位輪。
財爻若也持身世，管取絲綿千萬斤，更得青龍同位助，獲財百倍大光榮。
本宮見子為生氣，財世逢官是耗神，鬼旺初爻苗不出，二爻蠶子有災迍①。
三四鬼旺無桑葉，最上官興繭不成，金爻是鬼二眠亡，木鬼三眠定受殃。
水鬼定是遭風雨，土鬼多應病腫②黃，鬼落空亡翻㊃作吉，鬼爻休廢反為良。
鬼化子孫財帛厚，鬼化妻財大吉昌，鬼化兄弟收一半，鬼化父母晚絲強。
青龍發動絲綿廣，白虎交重蠶白殭，玄武剋蠶憂水厄，勾陳帶殺為蟲傷。
水財到底無多利，金土為財些小③㊄償，木財旺相財無數，火旺財爻更倍昌㊄。
天喜青龍財子合，生身生世獲嘉祥。

注釋

①災迍：禍害，災難。
②原文作「煄（zhǒng）」字，據其文意，改作「腫」字。
③些小：少許，一點兒。

校勘記

㈠「驗」，原本作「險」，疑誤，據《卜筮全書·闡奧歌章·蠶桑章》原文改。
㈡「吉」，原本作「克」，疑誤，據《卜筮全書·闡奧歌章·蠶桑章》原文改。
㈢「徵」，原本作「陳」，疑誤，據《卜筮全書·闡奧歌章·蠶桑章》原文改。
㈢「翻」，原本作「番」，疑誤，據《卜筮全書·闡奧歌章·蠶桑章》原文改。
㈣「小」，原本作「少」，疑誤，據《卜筮全書·闡奧歌章·蠶桑章》原文改。
㈤「倍昌」，原本作「被傷」，疑誤，據《卜筮全書·闡奧歌章·蠶桑章》原文改。

行人章

凡卜行人先看身，身爻發動是行人，子孫外動剋身世，決定前途獲寶珍。
出去當頭憂白虎，歸來足下忌勾陳，內剋外㈠兮世剋應，臨行有阻去無因。
外剋內兮應剋世，打疊行裝在即辰，身宮見鬼因官事，若不因官定有迍。
父母剋身父母留，兄弟剋身兄弟憂，青龍子孫剋身位，一路無虞到地頭。
乾宮旺相乘肥馬，坎卦剋身乘巨舟，震卦剋身身便動，坤卦剋身徒步遊。
艮卦剋身行必止㈡，巽卦剋身去又休，白虎剋身行有厄，青龍剋身為大吉。
朱雀剋身文字催，玄武剋身路遭賊，若見勾陳來剋世，事緒拘留行未得。
欲卜行人何日回，父剋子孫為定期，初爻發動足下動，二爻身動定無疑。
三四發動臨門戶，五爻在路較遲遲，上爻身動身猶住，安靜行人定未歸。
雖動動臨玄武方，中途定有小人傷，交重白虎多驚恐，發動青龍多吉昌。
朱雀爻交先有信，子孫發動喜非常，鬼兄並發多應病，官化為官更不祥。
子落空亡身入墓，行人準定不回鄉。

校勘記

㈠「外」，原本作「世」，疑誤，據《卜筮全書·闡奧歌章·出行章》原文改。
㈡「止」，原本作「正」，疑誤，據《卜筮全書·闡奧歌章·出行章》原文改。

疾厄部第九（凡五章）

疾病章

疾病先將身命看，逢龍見子放心寬，妻財入命多沉重，官鬼臨身更不堪。
身犯勾陳凶有準，命加玄武瘥應難，騰蛇白虎憂喪事，身命空亡定入棺。
金鬼值身傷骨節，身中水鬼血膿鑽，貼身火鬼瘡痍惱，木鬼身宮有骨酸。
土鬼在身身腫脹，殺刑加命命摧殘，水為腰腎金屬肺，火主心胸木主肝。
土爻脾位休逢殺，發動交重仔細觀，虎鬼同興應哭泣，龍孫並旺保平安。
乾為首兮坤為腹，巽為手兮震為足，兌為口兮艮為鼻，坎主耳兮離主目。
一宮殺旺一般災，子動龍興保平復，豐兼蠱困及明夷，夬與同人一例推。
冬旅春需都困重，夏觀秋剝並傾危，六爻安靜猶難瘥，殺鬼交重便莫醫。
財旺身空身必喪，官生命死命應衰，兩重官鬼因勞復，鬼化為兄病不宜。
官化為財凶有定，鬼爻化子瘥無疑。

醫藥章

子孫出現是醫人，生世生身藥必靈，兩個子孫齊發動，換醫困厄即時平。
子囚醫拙無功效，子旺醫明有準繩，無子病人難服藥，子空患者便歸程。
子孫值土宜丸散，值火須當火艾蒸，值木㕮咀①方應病，值金針刺保亨貞。
子孫值水宜湯藥，天喜扶持妙莫評，青龍獨發最為良，持世生身便離床。
那更子孫同位發，不須服藥保安康，鬼財安貼無憂慮，身世比和大吉昌。
欲問病人何日瘥，鬼衰生旺世生方。

注釋

①㕮咀（fǔ jǔ）：中醫用語。用口將藥物咬碎，以便煎服，後用其它工具切片、搗碎或銼末，但仍用此名。

盜賊章

占盜先推財鬼鄉，財爻安靜便無妨，內搖不離無安處，外動多應出遠方。
鬼化為財須有望，財爻化鬼莫思量，妻財入墓無蹤跡，財犯勾陳在土藏。
捉賊提防亡劫害，尋財切慮刃刑傷，子孫旺相終尋見，官鬼休囚必捉將。
玄武鬼爻家裡動，原來家賊最難防，兩重官鬼勾連至，鬼落空亡自失忘。
一世二世親鄰盜，三世四世不離鄉，五世六世他方賊㊀，鬼若生身必見贓。
木鬼東方人是賊，金西水北細消詳，火官本是南方盜㊁，土鬼原來只在房。
欲問賊人藏物處，鬼家父母處消詳，譬如火鬼木為父，竹木堆中及樹傍。
不懼五行無準則，只愁財物落空亡，貴人持鬼官人賊，驛馬持官永健郎。
玄武臨官僧取去，勾陳是鬼道偷將，陰爻胎鬼陰入盜，陽貴休囚官不良。
陽鬼廢囚巫術輩，鬼爻旺相是豪強。

校勘記

㊀「賊」，原本作「鬼」，疑誤，據《卜筮全書·闡奥歌章·盜賊章》原本改作。
㊁「火官本是南方盜」，原本作「火光本是南方鬼」，疑誤，據《卜筮全書·闡奥歌章·盜賊章》原本改作。

捕盜章

捕盜先推飛伏神，飛伏相生賊不真，飛剋伏㊀神須捉住，伏傷飛者反傷身。伏神帶殺休追趕，伏入勾陳賊自陳，內外世身依此例，內還剋外定無因。應爻又是偷財者，若來剋世曲難伸，欲知捕獲當何日，鬼敗財生定日辰。卜筮遺亡皆準此，身衰財廢不尤人①。

注釋

①不尤人：不怨恨人。

校勘記

㊀「伏」，原本作「賊」，疑誤，據《卜筮全書·闡奧歌章·盜賊章》原文改。

公訟章

公訟先推身殺鬼，身剋殺爻應有理，劫殺剋身理不明，身旺殺空憂散矣。
論人切要殺扶身，被訴卻憂刑㊀剋世，身旺殺空訴者輸，身衰殺旺身遭棰①。
殺身俱旺事遷延，身殺俱空公事止，劫殺臨官官事興，財加劫殺因財起。
三刑持世莫興詞，六害臨身休後悔，父母勾陳與劫並㊁，決定爭差田屋契。
外來剋內被渠傷②，內剋外因渠不是，弟兄化鬼卒難休，鬼化弟兄多暗昧。
玄武臨官防小人，騰蛇犯鬼多淹滯，青龍入鬼遇貴人，白虎臨官受刑制。
鬼共勾陳牢獄災，鬼臨朱雀文書累，太歲剋官赦解由③，月建沖官官又罪。
日辰剋鬼脫應難，鬼剋日辰猶不易，身世剋刑目下和，相並相沖還又至。
噬嗑明夷被杖笞④，屯蒙大壯遭囚繫，雖云渙解保無憂㊂，也要世身爻有氣。
天喜貴人要生身，大殺亡神莫持世，世應相生內外和，決定兩頭都沒事。
劫殺官爻是禍根，空亡卻是相和義，妻財持世喜神扶，卻宜托個人調議㊃。
青龍子孫是解星，生世生身謝天地，世旺身生命合神，是日官司當脫離。
更有常贏決勝方，訴人被訴都當記，訟心剋己最為頭，挫鋭解紛為第二。
贏盡世間多少人，省財又不傷和氣。

注釋

①捶（chuí）：用拳頭和棍棒敲打。

②渠：被他傷。渠：方言他、他們。

③解由：宋元時官吏調任時的證明文書。此處指赦免文件。

④杖笞（zhàng chī）：杖擊，使用棍棒打。

校勘記

㈠「刑」，原本作「身」，疑誤，據《卜筮全書·闡奧歌章·詞訟章》原文改。

㈡「父母勾陳與劫並」，原本作「父母臨身是劫並」，疑誤，據《卜筮全書·闡奧歌章·詞訟章》原文改。

㈢「憂」，原本作「由」，疑誤，據《卜筮全書·闡奧歌章·詞訟章》原文改。

㈣「卻宜托個人調議」，原本作「卻把托個人調治」，疑誤，據《卜筮全書·闡奧歌章·詞訟章》原文改。

周易尚占　卷下

虎易按：以下八宮「八卦立成章」與「八卦斷例章」表，是按京氏易八宮卦序排列的，校對整理說明如下：

一、原版表格是直排，因為版面原因，也為了適合現代讀者的閱讀習慣，現在改作橫排。

二、本表前面加入了卦名、爻位、世爻飛伏等內容作為表頭，是為了方便讀者對照閱讀。

三、表中的「身」，是按「子午持世初為身，丑未持世二為身，寅申持世三為身，卯酉持世四為身，辰戌持世五為身，巳亥持世上為身」確定的，和「月卦身」是不一樣的，請讀者注意分辨，不要混淆了。

四、表中的「飛伏」，是指本卦世爻的干支五行，以及下伏本宮相同爻位的干支五行，因此，用「世爻飛伏」為表目。

五、表中所列的「四月卦、五月卦」等，是指「月卦」或「月卦身」。需要提請讀者注意的是：本書所說的「某月」，既不是指農曆，也不是指西曆的月，而是指「節氣」所臨的月。即「立春」節後用「寅」，對應正月。「驚蟄」節後用「卯」，對應二月。其他各月的對應標準，均倣此。讀者可參閱附表，以及其他書籍關於十二月建的內容。

六、以上八個卦宮的表格，體例都一樣，不另行說明。

六十四卦對應各月卦身表

節氣	月支	月令	六十四卦對應十二月								持世爻位	陰陽
立春	寅	正月	大有	恒	既濟	漸	泰	蠱	同人	咸	三爻持世	陽爻
驚蟄	卯	二月	晉	大過	革	睽	大壯	无妄	訟	小過	四爻持世	陽爻
清明	辰	三月	井	履	夬	渙					五爻持世	陽爻
立夏	巳	四月	乾	艮	巽	離					上爻持世	陽爻
芒種	午	五月	姤	豫	旅	困					初爻持世	陰爻
小暑	未	六月	遯	屯	家人	萃					二爻持世	陰爻
立秋	申	七月	否	隨	師	損	比	益	未濟	歸妹	三爻持世	陰爻
白露	酉	八月	觀	升	明夷	中孚	需	頤	蒙	蹇	四爻持世	陰爻
寒露	戌	九月	剝	豐	噬嗑	謙					五爻持世	陰爻
立冬	亥	十月	震	坎	坤	兌					上爻持世	陰爻
大雪	子	十一月	節	賁	復	小畜					初爻持世	陽爻
小寒	丑	十二月	解	大畜	臨	鼎					二爻持世	陽爻

乾部第十（凡二章）

乾宮八卦立成章

屬陽、金兆。立冬旺、秋分相。

卦名	上爻	五爻	四爻	三爻	二爻	初爻	世爻飛伏
乾為天	壬戌土	壬申金	壬午火	甲辰土	甲寅木	甲子水	飛壬戌土
	世	身		應			四月卦
	父母	兄弟	官鬼	父母	妻財	子孫	伏癸酉金
天風姤	壬戌土	壬申金	壬午火	辛酉金	辛亥水	辛丑土	飛辛丑土
			應		身	世	五月卦
	父母	兄弟	官鬼	兄弟	子孫	父母	伏甲子水
天山遯	壬戌土	壬申金	壬午火	丙申金	丙午火	丙辰土	飛丙午火
		應			世	身	六月卦
	父母	兄弟	官鬼	兄弟	官鬼	父母	伏甲寅木
天地否	壬戌土	壬申金	壬午火	乙卯木	乙巳火	乙未土	飛乙卯木
	應		身	世			七月卦
	父母	兄弟	官鬼	妻財	官鬼	父母	伏甲辰土
風地觀	辛卯木	辛巳火	辛未土	乙卯木	乙巳火	乙未土	飛辛未土
			世		身	應	八月卦
	妻財	官鬼	父母	妻財	官鬼	父母	伏壬午火
山地剝	丙寅木	丙子水	丙戌土	乙卯木	乙巳火	乙未土	飛丙子水
		世			應	身	九月卦
	妻財	子孫	父母	妻財	官鬼	父母	伏壬申金
火地晉	己巳火	己未土㊀	己酉金	乙卯木	乙巳火	乙未土	飛己酉金
			世身			應	二月卦㊁
	官鬼	父母	兄弟	妻財	官鬼	父母	伏丙戌土㊂
火天大有	己巳火	己未土㊃	己酉金	甲辰土	甲寅木	甲子水	飛甲辰土
	應	身		世			正月卦
	官鬼	父母	兄弟	父母	妻財	子孫	伏乙卯木

校勘記

㈠「己未土」，原本作「乙未土」，疑誤，據《京氏易傳•晉》納甲體例改作。

㈡「二月卦」，原本作「十月卦」，疑誤，據《京氏易傳•晉》建月體例改作。

㈢「伏丙戌土」，原本作「伏壬午火」，疑誤，據《京氏易傳•晉》飛伏體例改作。

㈣「己未土」，原本作「乙未土」，疑誤，據《京氏易傳•大有》納甲體例改作。

乾宮八卦斷例章

乾宮八卦斷例章				
乾象	六陽純一天行健	風虎雲龍聚會時		
	剛健身持恒不息	功名榮顯決無疑		
斷	乾者健也	事宜專一	人口安康	田蠶進益
	問病獲安	占官轉職	所謀必成	所求皆得
姤象	天下有風陰媾①陽	勿疑娶女女非良		
	順時消息行中道	品物咸亨大吉祥		
斷	媾者遇也	謀必有遇	求官官榮	求財財遂
	病者難安	婚姻休娶	卜筮行人	端的在路
遯象	天下有山為遯象	埋光鏟彩以修身		
	順時達變賢君子	不惡而嚴遠小人		
斷	遯者退也	凡事宜退	公訟而和	行人阻滯
	問婚不成	求財無利	病者遷延	田蠶微細
否象	天地不交物不生	達人晦德避時屯		
	不居榮祿安常分	傾否之時福自臻		
斷	否者塞也	凡事閉塞	切慮官司	提㊀防盜賊
	家宅平安	田蠶少得	守分安常	災消集福

注釋

①媾（gòu）：交合。

觀象	風行地上順而安　莫作尋常一例看 一切營謀無不遂　生財旺相已遷官
斷	觀者望也　凡事有望㊁　田蠶進益　家宅興旺 占婚最宜　求官為上　財聚病痊　獲福無量
剝象	艮山扶地邪傷正　厚下安居反得輿 小人剝極不知變　陷身取辱剝其廬
斷	剝者落也　剝落之義　動則有傷　靜則無悔 退則獲安　進則不利　藏器待時　剝極復治
晉象	日出於地晉文明　輝光普照德非輕 田蠶進益家興旺　職位高遷身顯榮
斷	晉者進也　進必有升　進身必遂　進事有成 行人未至　公訟不明　病者難瘥　財平稍平
大有象	火在天上為大有　順天休命育群生 光明普照無私曲　上下相通道大亨
斷	盛大豐育　所求必至　田宅昌榮　生財吉利 訟散病痊　孕生婚遂　除卻出行　般般稱意

校勘記

㊀「提」，原本作「隄（di；同「堤」）」疑誤，據其文意改作。

㊁「望」，原本作「旺」，疑誤，據其文意改作。

坎宮八卦立成章

屬陽、水兆。冬至旺、立冬相。

卦 名	上爻	五爻	四爻	三爻	二爻	初爻	世爻飛伏
坎為水	戊子水	戊戌土	戊申金	戊午火	戊辰土	戊寅木	飛戊子水
	世			應		身	十月卦
	兄弟	官鬼	父母	妻財	官鬼	子孫	伏己巳火
水澤節	戊子水	戊戌土	戊申金	丁丑土	丁卯木	丁巳火	飛丁巳火
	身		應			世	十一月卦
	兄弟	官鬼	父母	官鬼	子孫	妻財	伏戊寅木
水雷屯	戊子水	戊戌土	戊申金	庚辰土	庚寅木	庚子水	飛庚寅木
		應		身	世		六月卦
	兄弟	官鬼	父母	官鬼	子孫	兄弟	伏戊辰土
水火既濟	戊子水	戊戌土	戊申金	己亥水	己丑土	己卯木	飛己亥水
	應身			世			正月卦
	兄弟	官鬼	父母	兄弟	官鬼	子孫	伏戊午火
澤火革	丁未土	丁酉金	丁亥水	己亥水	己丑土㊀	己卯木	飛丁亥水
	身		世			應	二月卦
	官鬼	父母	兄弟	兄弟	官鬼	子孫	伏戊申金
雷火豐	庚戌土	庚申金	庚午火	己亥水	己丑土	己卯木	飛庚申金
		世		身	應		九月卦
	官鬼	父母	妻財	兄弟	官鬼	子孫	伏戊戌土
地火明夷	癸酉金	癸亥水	癸丑土	己亥水㊁	己丑土	己卯木㊂	飛癸丑土
			世		身	應	八月卦
	父母	兄弟	官鬼	兄弟	官鬼	子孫	伏庚午火㊃
地水師	癸酉金	癸亥水	癸丑土	戊午火	戊辰土	戊寅木	飛戊午火
	應			世		身	七月卦
	父母	兄弟	官鬼	妻財	官鬼	子孫	伏己亥水

校勘記

㈠「己丑土」，原本作「己卯木」，疑誤，據《京氏易傳•革》納甲體例改作。
㈡「己亥水」，原本作「乙亥水」，疑誤，據《京氏易傳•明夷》納甲體例改作。
㈢「己卯木」，原本作「乙卯木」，疑誤，據《京氏易傳•明夷》納甲體例改作。
㈣「伏庚午火」，原本作「伏戊申金」，疑誤，據《京氏易傳•明夷》飛伏體例改作。

坎宮八卦斷例章

坎象	二水重重為習坎　險中之險未能通 久恒其德存中正　不失孚誠動有功
斷	坎者陷也　凡事不通　田蠶不利　孕病皆凶 營財逢盜　行船遇風　惟誠惟信　出險成功
節象	澤中有水名為節　苦節從來不可貞 不出戶庭無大咎　順時消息道元亨
斷	節者節也　妄動無成　求謀有阻　公訟休爭 婚姻和合　身命不寧　占財少得　卜孕虛驚
屯象	雲雷屯卦無攸利　君子經綸惟利貞 藏器待時資輔助　自然屯散道光亨
斷	屯者難也　元有亨義　目下未伸　到頭必遂 一切經營　悉皆遲滯　見貴求官　先難後易
既濟	水火相因為既濟　原來㊀有始卻無終 防微杜漸無憂患　大者雖窮小者通
斷	既濟濟也　舟行無滯　病者安康　訟者解釋 婚姻早成　生財遲得　出入無虞　營謀有益

革象	澤中有火革之亨　二女同居志不貞 改故從新趨世變　煥然文彩十分明
斷	革者變也　事宜改更　身宜謀用　宅利修營 遷移進益　出入光亨　孕病皆吉　禍滅福生
豐象	雷電相應豐成時　盛衰消息要先知 守常安分方為吉　中則安時妄則危
斷	豐者大也　利官利貴　婚姻有成　行人必至 孕生女子　病人沉滯　凡占家宅　半明半晦
明夷	傷明之象號明夷　鐘彩埋光始得宜 柔順剋謙卑自牧　樂天知命待明時
斷	明夷傷也　凡事不順　婚姻無成　公訟有競 占孕母憂　占家父病　一切施為　切宜謹慎
師象	地中有水為師象　畜眾容民用儉行 至正至中無過失　喜生憂散大光明
斷	師者眾也　不利占身　求官雖吉　見貴遭嗔① 休占財帛　莫問行人　病人遲瘥　家宅災迍

注釋

①嗔（chēn）：責備、發怒。

校勘記

㈠「原來」，原本作「元來」，按現代用字方式改作。後文遇此字，直接改作，不另說明。

艮部第十二（凡二章）

艮宮八卦立成章

屬陽、土兆。立春旺、冬至相。

卦名	上爻	五爻	四爻	三爻	二爻	初爻	世爻飛伏
艮為山	丙寅木	丙子水	丙戌土	丙申金	丙午火	丙辰土	飛丙寅木
	世			應身			四月卦㊀
	官鬼	妻財	兄弟	子孫	父母	兄弟	伏丁未土
山火賁	丙寅木	丙子水	丙戌土	己亥水	己丑土	己卯木	飛己卯木
			應身			世	十一月卦
	官鬼	妻財	兄弟	妻財	兄弟	官鬼	伏丙辰土㊁
山天大畜	丙寅木	丙子水	丙戌土	甲辰土	甲寅木	甲子水	飛甲寅木
		應		身	世		十二月卦
	官鬼	妻財	兄弟	兄弟	官鬼	父母	伏丙午火㊂
山澤損	丙寅木	丙子水	丙戌土	丁丑土	丁卯木	丁巳火	飛丁丑土
	應			世	身		七月卦
	官鬼	妻財	兄弟	兄弟	官鬼	父母	伏丙申金
火澤睽	己巳火	己未土	己酉金	丁丑土	丁卯木	丁巳火	飛己酉金
			世身			應	二月卦
	父母	兄弟	子孫	兄弟	官鬼	父母	伏丙戌土
天澤履	壬戌土	壬申金	壬午火	丁丑土	丁卯木	丁巳火	飛壬申金
		世		身	應		三月卦
	兄弟	子孫	父母	兄弟	官鬼	父母	伏丙子水
風澤中孚	辛卯木	辛巳火	辛未土	丁丑土	丁卯木	丁巳火	飛辛未土
			世		身	應	八月卦
	官鬼	父母㊃	兄弟	兄弟	官鬼㊄	父母	伏壬午火㊅
風山漸	辛卯木	辛巳火	辛未土	丙申金	丙午火㊆	丙辰土㊇	飛丙申金
	應			世身			正月卦
	官鬼	父母	兄弟	子孫	父母	兄弟	伏丁丑土

校勘記

㈠「四月卦」，原本作「十月卦」，疑誤，據《京氏易傳·艮》建月體例改作。

㈡「伏丙辰土」，原本作「伏丙寅土」，疑誤，據《京氏易傳·賁》飛伏體例改作。

㈢「伏丙午火」，原本作「伏丙子火」，疑誤，據《京氏易傳·大畜》飛伏體例改作。

㈣「父母」，原本作「子孫」，疑誤，據《京氏易傳·中孚》納六親體例改作。

㈤「官鬼」，原本作「兄弟」，疑誤，據《京氏易傳·中孚》納六親體例改作。

㈥「壬午火」，原本作「伏丙戌土」，疑誤，據《京氏易傳·中孚》飛伏體例改作。

㈦「丙午火」，原本作「丙子火」，疑誤，據《京氏易傳·漸》納甲體例改作。

㈧「丙辰土」，原本作「丙戌土」，疑誤，據《京氏易傳·漸》納甲體例改作。

艮宮八卦斷例章

艮象	兼山為艮當知止	正好潛身以俟時		
	君子思安無過咎	小人妄動必傾危		
斷	艮者止也	凡事無成	只宜安靜	不利經營
	時止則止	時行則行	思安所處	其道光明
賁象	山火相因光賁象	內明外止自然亨		
	觀時察變隨宜用	凡有求謀必稱情		
斷	賁者飾也	公私並利	財祿雙榮	田蠶收熟
	訟散孕生	病安婚遂	凡有施為	稱心滿意
大畜	天上山中有大畜	濟危拔險順天時		
	行藏動止皆如意	雲路亨通任所為		
斷	畜者聚也	人財利益	進喜散憂	加官轉職
	田熟蠶收	婚成病脫	事事亨通	般般大吉
損象	山靜澤清曰損象	故當損己益他人		
	損之又損功勳大	災患清除福德臻		
斷	損者損也	身宅平平	婚成病瘥	官旺財興
	人口進益	家宅利貞	弗宜公訟	不利出行

睽象	火澤相因是謂睽　同居二女患相違 還占小事為中吉　若問行人定不歸
斷	睽者異也　三體相違　問病有驚　求財不宜 婚姻不相　行人不歸　小事雖吉　也應遲遲
履象	一個陰爻履五陽　雖行至險卻無殃 迴光返照前口事　素履原來最吉祥
斷	履者禮也　以柔履剛　危中有救　險處無妨 弗占疾病　莫問官方　一切謀運　謹始營昌
中孚	澤上有風曰中孚　順而和悅並無憂 推忠存信相推用　一切營謀百倍收
斷	中孚信也　二相中實　虛實相通　動罔不吉 官貴升遷　田蠶進益　憂散喜生　災消福集
漸象	風山為漸徐徐進　進得其宜往有功 進事進身咸得正　漸高漸大漸亨通
斷	漸者進也　田蠶進益　求官漸升　求財漸得 病疾漸安　公訟漸釋　一切所占　漸則大吉

震部第十三（凡二章）

震宮八卦立成章

屬陽、木兆。立春旺、春分相。

卦　名	上爻	五爻	四爻	三爻	二爻	初爻	世爻飛伏
震為雷	庚戌土	庚申金	庚午火	庚辰土㊀	庚寅木	庚子水	飛庚戌土
	世	身		應㊁			十月卦
	妻財	官鬼	子孫	妻財㊂	兄弟㊃	父母	伏辛卯木
雷地豫	庚戌土	庚申金	庚午火	乙卯木	乙巳火	乙未土	飛乙未土
			應		身	世	五月卦
	妻財	官鬼	子孫	兄弟	子孫	妻財	伏庚子水
雷水解	庚戌土	庚申金	庚午火	戊午火	戊辰土	戊寅木	飛戊辰土
		應身			世		十二月卦
	妻財	官鬼	子孫	子孫	妻財	兄弟㊄	伏庚寅木
雷風恒	庚戌土	庚申金	庚午火	辛酉金	辛亥水	辛丑土	飛辛酉金
	應		身	世			正月卦
	妻財	官鬼	子孫	官鬼	父母	妻財	伏庚辰土
地風升	癸酉金	癸亥水	癸丑土	辛酉金	辛亥水	辛丑土	飛癸丑土
			世		身	應	八月卦
	官鬼	父母	妻財	官鬼	父母	妻財	伏庚午火
水風井	戊子水	戊戌土	戊申金	辛酉金	辛亥水	辛丑土	飛戊戌土
		世身			應		三月卦
	父母	妻財	官鬼	官鬼㊅	父母㊆	妻財	伏庚申金
澤風大過	丁未土	丁酉金	丁亥水	辛酉金	辛亥水	辛丑土	飛丁亥水
	身		世			應	二月卦
	妻財	官鬼	父母	官鬼	父母	妻財	伏戊申金㊇
澤雷隨	丁未土	丁酉金	丁亥水	庚辰土	庚寅木	庚子水	飛庚辰土
	應	身		世			七月卦
	妻財	官鬼	父母	妻財	兄弟	父母	伏辛酉金㊈

校勘記

㊀「庚辰土」，原本作「乙卯木」，疑誤，據《京氏易傳·震》納甲體例改作。

㊁「應」，原本在四爻，疑誤，據《京氏易傳·震》世應體例改在三爻。

㊂「妻財」，原本作「兄弟」，疑誤，據《京氏易傳·震》納六親體例改作。

㊃「兄弟」，原本作「妻財」，疑誤，據《京氏易傳·震》納六親體例改作。

㊄「兄弟」，原本作「妻財」，疑誤，據《京氏易傳·解》納六親體例改作。

㊅「官鬼」，原本作「父母」，疑誤，據《京氏易傳·井》納六親體例改作。

㊆「父母」，原本作「官鬼」，疑誤，據《京氏易傳·井》納六親體例改作。

㊇「伏戊申金」，原本作「伏庚午火」，疑誤，據《京氏易傳·大過》飛伏體例改作。

㊈「伏辛酉金」，原本作「伏丁丑土」，疑誤，據《京氏易傳·隨》飛伏體例改作。

震宮八卦斷例章

震象	游雷為震必憂驚　　省過修身固反常 虩虩①不安存警畏　到頭反禍卻為祥
斷	震者動也　震動驚惶　不宜妄動　惟利守常 公訟失理　婚姻不良　求財少得　謀事多妨
豫象	雷出地中為豫象　　豫而順動應天時 施為必得朋相助　　官旺財榮事事宜
斷	豫者悅也　動以順豫　貴喜官榮　身安財聚 病者獲安　行人在路　一切施為　賢朋相助
解象	震坎相交雷雨解　　憂疑解散喜相逢 西南大得朋相助　　濟險扶危往有功
斷	解者散也　憂散喜生　田蠶進益　婚姻不成 久囚得赦　病者安寧　孕生貴子　公訟和平
恒象	雷風相遇恒常也　　巽動相須事有成 日月得天而久照　　人能應變道常亨
斷	恒者久也　久常之義　身宅雙榮　公私兩利 訟宜早和　病須疾治　守舊安和　出行無殢②

注釋

①虩虩（xì）：形容恐懼的樣子。

②殢（tì）：滯留。困擾，糾纏。

升象	地中生木升為象　集小成高往有功 用見大人無不利　身榮名顯道亨動
斷	升者進也　小集大成　見貴得貴　求名得名 婚姻和合　公訟和平　求謀運用　最利南征
井象	水升木上而為井　養物無窮靜所宜 動則無窮妄井德　達人藏器待天時
斷	井者靜也　不宜妄為　求官謁貴　問病稽遲 田蠶半得　行人未歸　占婚阻滯　藏器待時
大過	澤滅木時為大過　棟樑將撓急扶持 雖然本末俱柔弱　巽悅而行住得宜
斷	過者過也　剛過乎中　行船見阻　涉險無功 求官不達　問信難通　安常守分　庶免災凶
隨象	澤中雷動象曰隨　陽動陰隨相得宜 君子有孚存信吉　施為動用不違時
斷	隨者從也　陰必從陽　官貴隨順　財祿榮昌 婚姻和睦　疾病安康　凡占身命　福壽無疆

巽部第十四（凡二章）

巽宮八卦立成章							
屬陰、木兆。立夏旺、春分相。							
卦　名	上爻	五爻	四爻	三爻	二爻	初爻	世爻飛伏
巽為風	辛卯木	辛巳火	辛未土	辛酉金	辛亥水	辛丑土	飛辛卯木
	世		身	應			四月卦
	兄弟	子孫	妻財	官鬼	父母	妻財	伏庚戌土
風天小畜	辛卯木	辛巳火	辛未土	甲辰土	甲寅木	甲子水	飛甲子水
			應			世身	十一月卦
	兄弟	子孫	妻財	妻財	兄弟	父母	伏辛丑土㊀
風火家人	辛卯木	辛巳火	辛未土	己亥水	己丑土	己卯木	飛己丑土
		應			世 身		六月卦
	兄弟	子孫	妻財	父母	妻財	兄弟	伏辛亥水
風雷益	辛卯木	辛巳火	辛未土	庚辰土	庚寅木	庚子水	飛庚辰土
	應	身		世			七月卦
	兄弟	子孫	妻財	妻財	兄弟	父母	伏辛酉金
天雷无妄	壬戌土	壬申金	壬午火	庚辰土	庚寅木	庚子水	飛壬午火
			世			應身	二月卦
	妻財	官鬼	子孫	妻財	兄弟	父母	伏辛未土
火雷噬嗑	己巳火	己未土	己酉金	庚辰土	庚寅木	庚子水	飛己未土
		世			應身		九月卦
	子孫	妻財	官鬼	妻財	兄弟	父母	伏辛巳火
山雷頤	丙寅木	丙子水	丙戌土	庚辰土	庚寅木	庚子水	飛丙戌土
		身	世			應	八月卦
	兄弟	父母	妻財	妻財	兄弟	父母	伏己酉金㊁
山風蠱	丙寅木	丙子水	丙戌土	辛酉金	辛亥水	辛丑土	飛辛酉金
	應		身	世			正月卦
	兄弟	父母	妻財	官鬼	父母	妻財	伏庚辰土

校勘記

㊀「辛丑土」，原本作「丁丑土」，疑誤，據《京氏易傳・小畜》飛伏體例改作。

㊁「己酉金」，原本作「辛未土」，疑誤，據《京氏易傳・頤》飛伏體例改作。

巽宮八卦斷例章	
巽象	陰交陽下隨風巽　究竟先庚與後庚 利見大人行正事　始雖難阻後亨通
斷	巽者順也　順時行事　利財利婚　利官利貴 身泰訟和　田收蠶遂　惟占病人　金神為祟
小畜	風行天上為小畜　陰止陽剛志未行 君子順行修懿德　身雖艱阻道光亨
斷	小畜止也　陽受陰畜　求望宜遲　經營勿速 失物莫尋　婚姻不睦　宅舍小憂　田蠶半熟
家人	風從火出曰家人　外象柔和內象明 明順相因家道正　人財增益宅安寧
斷	風火家人　成家之象　婚姻和合　人財興旺 病訟無憂　田蠶有望　謁貴求官　獲福無量
益象	風雷相舉終成益　凡有施為眾所從 損己益人人益己　功成名[3]遂喜重重
斷	益者益也　凡事有益　利合婚姻　宜占身宅 詞病俱平　生財大吉　宜己益人　乾坤合德

无妄	天下雷行无妄卦　不宜謀用利艱貞 安常守分宜忠正　无妄功成道大亨
斷	无妄實也　凡事從實　動有災眚[1]　守舊元吉 病瘥訟和　田收財積　官貴文書　重重進益
噬嗑	雷電相因名噬嗑　頤中有物未能亨 明威並用除奸宄[2]㊀　隔礙潛通事有成
斷	噬者齧[3]也　嗑者合也　謀望卑安　求財且且 病重訟凶　孕憂婚寡　去礙除奸　惟道有者
頤象	山下有雷頤養也　謹言節飲養其身 養民養物皆從正　動止安和福祿臻
斷	頤者養也　養宜從正　謀望周全　婚姻吉慶 訟吉病安　財榮祿盛　公事清平　門庭安靜
蠱象	山下有風應有事　巽時止蠱事無爭 濟危拔險宜先甲　復治依元大吉亨
斷	蠱者亂也　亂必有治　家宅擾攘[4]　身體暗昧 公訟遷延　文書純滯　孕吉病凶　婚成財利

注釋

①眚（shěng）：災難，疾苦。過錯。

②奸宄（guǐ）：犯法作亂的人。

③齧（niè）：同「齧」。用嘴啃、咬。

④擾攘（rǎo rǎng）：吵鬧混亂的暴動、紛亂。

校勘記

㈠「宄」，原本作「究」，疑誤，據其文意改作。

離部第十五（凡二章）

離宮八卦立成章							
屬陰、火兆。夏至旺、立夏相。							
卦　名	上爻	五爻	四爻	三爻	二爻	初爻	世爻飛伏
離為火	己巳火	己未土	己酉金	己亥水	己丑土	己卯木	飛己巳火
	世身			應			四月卦
	兄弟	子孫	妻財	官鬼	子孫	父母	伏戊子水
火山旅	己巳火	己未土	己酉金	丙申金	丙午火	丙辰土	飛丙辰土
		身	應			世	五月卦
	兄弟	子孫	妻財	妻財	兄弟	子孫	伏己卯木
火風鼎	己巳火	己未土	己酉金	辛酉金	辛亥水	辛丑土	飛辛亥水
	身	應			世		十二月卦
	兄弟	子孫	妻財	妻財	官鬼	子孫	伏己丑土
火水未濟	己巳火	己未土	己酉金	戊午火	戊辰土	戊寅木	飛戊午火
	應			世		身	七月卦
	兄弟	子孫	妻財	兄弟	子孫	父母	伏己亥水
山水蒙	丙寅木	丙子水	丙戌土	戊午火	戊辰土	戊寅木	飛丙戌土
		身	世			應	八月卦
	父母	官鬼	子孫	兄弟	子孫	父母	伏己酉金
風水渙	辛卯木	辛巳火	辛未土	戊午火	戊辰土	戊寅木	飛辛巳火
	身	世			應		三月卦
	父母	兄弟	子孫	兄弟	子孫	父母	伏己未土
天水訟	壬戌土	壬申金	壬午火	戊午火	戊辰土	戊寅木	飛壬午火
			世			應身	二月卦
	子孫	妻財	兄弟	兄弟	子孫	父母	伏辛未土㊀
天火同人	壬戌土	壬申金	壬午火	己亥水	己丑土	己卯木	飛己亥水
	應身			世			正月卦
	子孫	妻財	兄弟	官鬼	子孫	父母	伏戊午火

校勘記

㊀「辛未土」，原本作「己未土」，疑誤，據《京氏易傳•訟》飛伏體例改作。

離宮八卦斷例章	
離象	明明相繼離之象　日月當天照四方 文德養成忘物我　人情和合得輝光
斷	離者麗也　凡事分明　不宜占宅　婚訟九成 孕雙蠶半　病重財輕　官貴有喜　最利行人
旅象	山上火炎其象旅　事機宜早不宜遲 如占動用平平斷　若問行人未見歸
斷	旅者羈也　在旅之象　不利守常　運謀為上 訟散婚成　孕生獄放　病者禱禳　行人休望
鼎象	火木相因鼎得名　變更為熟舊更新 功名貴在調和得　疑慮冰消喜氣臨
斷	鼎者器也　烹飪之器　求官十全　生財百倍 身吉宅榮　婚成病利　求事托人　卻宜仔細
未濟	坎離未濟相違象　凡事先難後易成 未濟雖然終必濟　也須誠敬托神明
斷	未濟必濟　先難後易　凡事晚成　所謀遲遂 件件稱心　般般如意　交易未成　行人未至

蒙象	艮山之下出泉蒙　見險須知止有功 進退艱難謀未遂　仗人接引必亨通
斷	蒙者昧也　蒙以養正　未可營謀　卻宜占病 失物異尋　婚姻無分　一切求謀　仗人引進
渙象	巽坎相因風水渙　憂疑消散必亨通 涉艱濟險應須慮　捍厄扶衰獲有功
斷	渙者散也　萬慮消融　孕生災脫　訟散財空 求謀遲滯　出入亨通　乘舟濟險　必獲全功
訟象	天與水連成訟象　訟中雖吉訟終凶 大凡作事先謀始　循理安常塞自通
斷	訟者辨也　與物相競　凡事爭差　營謀不定 公訟辱身　禁囚傷命　安分守常　斯為福慶
同人	象曰天與火同人　契義相和利斷金 凡有運謀無不利　也須克正絕私心
斷	同人同也　同心同意　婚孕皆成　貴官俱遂 田獲十分　財收百倍　出入行藏　所求皆至

坤宮八卦立成章							
屬陰、土兆。立秋旺、夏至相。							
卦名	上爻	五爻	四爻	三爻	二爻	初爻	世爻飛伏
坤為地	癸酉金	癸亥水	癸丑土	乙卯木	乙巳火	乙未土	飛癸酉金
	世		身	應			十月卦
	子孫	妻財	兄弟	官鬼	父母	兄弟	伏壬戌土
地雷復	癸酉金	癸亥水	癸丑土	庚辰土	庚寅木	庚子水	飛庚子水
			應			世身	十一月卦
	子孫	妻財	兄弟	兄弟	官鬼	妻財	伏乙未土
地澤臨	癸酉金	癸亥水	癸丑土	丁丑土	丁卯木	丁巳火	飛丁卯木
		應	身		世		十二月卦
	子孫	妻財	兄弟	兄弟	官鬼	父母	伏乙巳火
地天泰	癸酉金	癸亥水	癸丑土	甲辰土	甲寅木	甲子水	飛甲辰土
	應	身		世			正月卦
	子孫	妻財	兄弟	兄弟	官鬼	妻財	伏乙卯木
雷天大壯	庚戌土	庚申金	庚午火	甲辰土	甲寅木	甲子水	飛庚午火
			世			應身	二月卦
	兄弟	子孫	父母	兄弟	官鬼	妻財	伏癸丑土
澤天夬	丁未土	丁酉金	丁亥水	甲辰土	甲寅木	甲子水	飛丁酉金
		世	身		應		三月卦
	兄弟	子孫	妻財	兄弟	官鬼	妻財	伏癸亥水
水天需	戊子水	戊戌土	戊申金	甲辰土	甲寅木	甲子水	飛戊申金
			世	身		應	八月卦㈠
	妻財	兄弟	子孫	兄弟	官鬼	妻財	伏丁亥水㈡
水地比	戊子水	戊戌土	戊申金	乙卯木	乙巳火	乙未土	飛乙卯木
	應		身	世			七月卦
	妻財	兄弟	子孫	官鬼	父母	兄弟	伏甲辰土

校勘記

㈠「八月卦」，原本作「四月卦」，疑誤，據《京氏易傳·需》建月體例改作。

㈡「伏丁亥水」，原本作「伏癸丑土」，疑誤，據《京氏易傳·需》飛伏體例改作。

坤宮八卦斷例章				
坤象	六位純陰地勢坤	先迷後得永安貞		
	包容廣納無私曲	應地無疆道大亨		
斷	坤者地也	厚載無疆	家宅俱順	婚孕乃良
	田蠶半吉	財帛榮昌	功名特達	其道乃光
復象	雷在地中陽自復	靜而後動又無災		
	朋來無咎財增益	遇事還教往復來		
斷	復者反也	七日來復	財帛榮昌	田禾大熟
	失去歸還	公訟和睦	利貴利官	宜蠶忌畜
臨象	地澤相因名曰臨	臨時臨事利和親		
	所謀陰貴相扶助	雖吉提防八月侵		
斷	臨者大也	剋己臨人	宜占家宅	利問婚姻
	財官並吉	謀望同倫	孕生男子	病犯祟侵
泰象	天地交泰物亨通	陽長陰消理莫窮		
	健順相須為日用	小求大得備全功		
斷	泰者通也	事事亨通	田蠶婚孕	喜慶重重
	公訟利順	家道興隆	孕生貴子	改換門風

大壯	雷上於天為大壯　凡占不可恃其剛 攸行用壯應傷己　退守謙和反吉祥
斷	大壯壯也　四陽壯盛　用壯災生　用罔吉應 宜問婚姻　休占訟病　動則不中　守則為正
夬象	夬卦群陽夬一陰　遲疑進退禍相侵 決然一定無憂慮　凡有施為必稱心
斷	夬者決也　有決定志　交易稱心　生財如意 婚孕吉昌　貴官成遂　病訟遲延　文書遲滯
需象	水上於天需待也　健而行險事艱危 報言卜者休輕進　克己存誠且俟時
斷	需者待也　不宜輕舉　所謀不成　出入險阻 婚姻宜男　六甲生女　藏器待時　事無不取
比象	水地相因名曰比　五陰和順一陽剛 因時從眾須乘勢　稍有稽遲反致殃
斷	比者輔也　陰來輔陽　官貴旺相　身宅安康 訟病解散　婚姻吉祥　一切謀運　和順乃光

兌部第十七（凡二章）

兌宮八卦立成章

屬陰、金兆。秋分旺、立秋相。

卦名	上爻	五爻	四爻	三爻	二爻	初爻	世爻飛伏
兌為澤	丁未土	丁酉金	丁亥水	丁丑土	丁卯木	丁巳火	飛丁未土
	世			應	身		十月卦
	父母	兄弟	子孫	父母	妻財	官鬼	伏丙寅木
澤水困	丁未土	丁酉金	丁亥水	戊午火	戊辰土	戊寅木	飛戊寅木
			應	身		世	五月卦
	父母	兄弟	子孫	官鬼	父母	妻財	伏丁巳火
澤地萃	丁未土	丁酉金	丁亥水	乙卯木	乙巳火	乙未土	飛乙巳火
	身	應			世		六月卦
	父母	兄弟	子孫	妻財	官鬼	父母	伏丁卯木
澤山咸	丁未土	丁酉金	丁亥水	丙申金	丙午火	丙辰土	飛丙申金
	應			世身			七月卦
	父母	兄弟	子孫	兄弟	官鬼	父母	伏丁丑土
水山蹇	戊子水	戊戌土	戊申金	丙申金	丙午火	丙辰土	飛戊申金
			世	身		應	八月卦
	子孫	父母	兄弟	兄弟	官鬼	父母	伏丁亥水
地山謙	癸酉金	癸亥水	癸丑土	丙申金	丙午火	丙辰土	飛癸亥水
	身	世			應		九月卦
	兄弟	子孫	父母	兄弟	官鬼	父母	伏丁酉金
雷山小過	庚戌土	庚申金	庚午火	丙申金	丙午火	丙辰土	飛庚午火
			世			應 身	二月卦
	父母	兄弟	官鬼	兄弟	官鬼	父母	伏癸丑土㊀
雷澤歸妹	庚戌土	庚申金	庚午火	丁丑土	丁卯木	丁巳火	飛丁丑土
	應			世	身		七月卦
	父母	兄弟	官鬼	父母	妻財	官鬼	伏丙申金

校勘記

㊀「伏癸丑土」，原本作「伏丁亥水」，疑誤，據《京氏易傳·小過》飛伏體例改作。

兌宮八卦斷例章

兌象	麗澤相因名曰兌　友朋講習貴孚誠 互相浸潤推誠敬　和悅交通事有成
斷	兌者悅也　凡事和會　病瘥婚成　孕生災退 身宅平安　行人立至　六畜生財　獲利百倍
困象	澤中無水困之名　陰掩陽爻理不明 誠以自持堅固守　身雖處困道常亨
斷	困者厄也　陰以掩陽　宅身孕病　件件遭傷 生財少利　公訟多妨　報言占者　安分守常
萃象	兌悅坤柔為萃卦　存誠致敬感神明 中心守正無遷變　福集災消大吉亨
斷	萃者聚也　物惟誠身　身財兩吉　福祿雙榮 婚姻和合　六畜孳生　病訟終吉　田蠶晚成
咸象	兌澤艮山咸感也　有感方通理大常 上下和同雖吉兆　虛中受物更為良
斷	咸者感也　有感必應　官鬼周全　宅身喜慶 宜孕宜婚　利訟利病　咸道雖通　更宜貞正

蹇象	險前險後當為蹇　進則多迍退則宜 大蹇朋來由個甚　剛中知止善趨時
斷	蹇者難也　凡事蹇鈍　官貴艱難　出行休問 莫卜身財　休占婚孕　出險如何　守常安分
謙象	地下有山謙遜也　以謙自牧契真常 勞而不伐真君子　身愈卑而道愈光
斷	謙者遜也　柔謙知止　弗利婚姻　休問移徙 財帛休求　公訟且已　身吉病瘥　行人至矣
小過	山恥有雷曰小過　卻如飛鳥以遺音 情知所過不甚遠　舍大從微咎不侵
斷	小過過也　所過不遠　身宅微災　交易財鮮 官阻病憂　孕驚婚免　凡百所占　悉皆喽㊀
歸妹	震雷兌澤為歸妹　少女從陽正合宜 凡事問占宜守靜　擬行必在得其時
斷	歸妹歸也　女歸之象　公訟不明　貴官休問 身宅少憂　婚姻為上　守之則宜　動之弗當

校勘記

㊀「喽」，《漢典》有此字。

通變部第十八（凡六章）

極變章

伏羲體太極而畫卦。始畫一畫以象極變，上畫一畫象天，下畫一畫象地，三畫象三才，其卦乾，其體健。兩乾成☷畫，象六合，其卦坤，其性順。乾坤變動而生六子，六子者，乾坤之互體也。例見前圖。

單卦變通章

乾為父，坤為母，坎震艮為男，巽離兑為女，是謂八卦。每卦三爻，自下而升，三升二降，再二升一降，八變反本。一卦變八卦，八卦變六十四卦。

假令☰，乾也。

第一變初爻為陰，☴，之巽，《姤》也。

第二變中爻為陰，☶，之艮，《遯》也。

第三變上爻為陰，☷，之坤，《否》也。
第四復變中為陽，☵，之坎，《訟》也。
第五復變初為陽，☱，之兌，《履》也。
第六再變中為陰，☳，之震，《无妄》也。
第七再變上為陽，☲，之離，《同人》也。
第八再變中為陽，☰，之乾，反本也。餘倣此。

重卦變通章㈠

重卦，每卦六爻，自下而升至五，上爻不變。五升四降，再四升三降，共九升七降，十六變反本。

假令乾宮為例：䷀，《乾》也。
第一變下爻為陰䷫，《天風姤》，一世卦。
第二變二爻為陰䷠，《天山遯》，二世卦。
第三變三爻為陰䷋，《天地否》，三世卦。
第四變四爻為陰䷓，《風地觀》，四世卦。

第五變五爻為陰䷖，《山地剝》，五世卦。

第六復變四爻為陽䷢，《火地晉》，遊魂。

第七復變第三爻為陽䷷，《火山旅》，伏藏。

第八復變第二爻為陽䷱，《火風鼎》，伏藏。

第九復變㊁初爻為陽䷍，《火天大有》，歸魂卦。

自第一爻升，復降至第一爻，五升四降也。

再變第二爻為陰䷝，《離》卦。

再變第三爻為陰䷔，《噬嗑》卦。

再變第四爻為陰䷚，《頤》卦。

再變第五爻為陽䷩，《益》卦。

再變第四爻為陽䷘，《无妄》卦。

再變第㊂三爻為陽䷌，《同人》卦。

再變第二爻為陽䷀，反本為《乾為天》卦㊃。四升三降也。

《尚占》止用八卦，自一世至五世，遊魂便到歸魂也。往復㊄變全用十六卦。今以乾為例，餘可類推。

虎易按：為便於讀者理解此節內容，按其變卦體例，製作「乾宮首卦《乾為天》

十六變卦順序表」，和「八宮十六變卦表」，供讀者參考。

乾宮首卦《乾為天》（䷀）卦十六變順序表

乾宮首卦《乾為天》（䷀），上爻為宗廟，永不變。

爻位	變序	卦名	卦形	變序	卦名	卦形	變序	卦名	卦形	變序	卦名	卦形
上爻	首	乾	䷀									
五爻	05	剝	䷖				13	益	䷩			
四爻	04	觀	䷓	06	晉	䷢	12	頤	䷚	14	无妄	䷘
三爻	03	否	䷋	07	旅	䷷	11	噬嗑	䷔	15	同人	䷌
二爻	02	遯	䷠	08	鼎	䷱	10	離	䷝	16	乾	䷀
初爻	01	姤	䷫	09	大有	䷍						
	《乾》宮一變《姤》，至五變《剝》。			復下飛，變四、三、二、初爻。			復上飛，變二、三、四、五爻			復下飛，變四、三、二爻，還本體《乾》。		

據以上《乾》宮變卦體例，附「八宮十六變卦表」，供讀者對照參考。本節內容，讀者可參曰《新鍥纂集諸家全書大成斷易天機·十六變章》及《易隱·十六變卦》相關內容，理解八宮變卦的體例及方式。

八宮十六變卦表

卦宮／卦名／變序	乾宮	坎宮	艮宮	震宮	巽宮	離宮	坤宮	兌宮	變卦名稱	世爻位置
首卦	乾	坎	艮	震	巽	離	坤	兌	八純	六世
一變	姤	節	賁	豫	小畜	旅	復	困	一世	一世
二變	遯	屯	大畜	解	家人	鼎	臨	萃	二世	二世
三變	否	既濟	損	恒	益	未濟	泰	咸	三世	三世
四變	觀	革	睽	升	无妄	蒙	大壯	蹇	四世	四世
五變	剝	豐	履	井	噬嗑	渙	夬	謙	五世	五世
六變	晉	明夷	中孚	大過	頤	訟	需	小過	遊魂	四世
七變	旅	復	小畜	困	賁	姤	節	豫	外戒	一世
八變	鼎	臨	家人	萃	大畜	遯	屯	解	內戒	二世
九變	大有	師	漸	隨	蠱	同人	比	歸妹	歸魂	三世
十變	離	坤	巽	兌	艮	乾	坎	震	絕命	六世
十一變	噬嗑	謙	渙	夬	剝	履	井	豐	血脈	五世
十二變	頤	小過	訟	需	晉	中孚	大過	明夷	肌肉	四世
十三變	益	咸	未濟	泰	否	損	恒	既濟	骸骨	三世
十四變	无妄	蹇	蒙	大壯	觀	睽	升	革	棺槨	四世
十五變	同人	比	蠱	歸妹	漸	大有	師	隨	墳墓	三世
十六變	乾	坎	艮	震	巽	離	坤	兌	本體	六世

校勘記

㊀「重卦變通章」，原本作「重卦通變章」，疑誤，據本書目錄名稱改作。

㊁「變」，原本脫漏，據其行文體例補入。

㊂「第」，原本脫漏，據其行文體例補入。

㊃「再變第二爻為陽䷀，反本為《乾為天》卦」，原本作「再變第二爻」，疑誤，據其行文體例補作。

㊄「往復」，原本作「亡回」，疑誤，據其文意改作。

六十四卦變通章

八卦升降變六十四卦，每卦各有六十四變，計四千九十六卦。

假令以《乾》為例，餘可數推。

䷀，《乾》也。

一爻變之六卦：姤、同人、履、小畜、大有、夬。

二爻變之十五卦：遯、无妄、訟、巽、家人、中孚、鼎、離、睽、大過、革、兌、大畜、大壯、需。

三爻變之二十卦：否、泰、益、漸、渙、旅、噬嗑、未濟、咸、隨、困、蠱、賁、損、恒、豐、歸妹、井、既濟、節。

四爻變之十五卦：晉、艮、頤、蒙、小過、震、解、蹇、屯、坎、升、明夷、臨、萃、觀。

五爻變之六卦：剝、比、豫、謙、師、復。

六爻變之一卦：坤。

舉此一卦，六十四卦同。

乾變止於坤[一]，坎變止於離，艮變止於兌，震變止於巽[二]，坤變止於乾，巽變止於震，離變止於坎，兌變止於艮。是謂六爻俱變之極也。

善觀變者，可以進則進，可以退則退，可止則止。苟進退與止，皆不可在乎委順。尚變之要，無出此一章，達者味之。

校勘記

㊀「坤」，原本作「巽」，疑誤，據《乾》變卦體例改作。

㊁「震變止於巽」，原本脫漏，據其行文體例補入。

乾坤易之門　　復姤乾坤門							
復	十一月	初一日	初二日	初三日	子	一陽	潛龍勿用
臨	十二月	初四		初五	丑	二陽	見龍在田
泰	正月	初六	初七	初八	寅	三陽	終日乾乾
大壯	二月	初九		初十	卯	四陽	或躍在淵
夬	三月	十一	十二	十三	辰	五陽	飛龍在天
乾	四月	十四		十五	巳	六陽	亢龍有悔
姤	五月	十六	十七	十八	午	一陰	履霜堅冰
遯	六月	十九		二十	未	二陰	直方大
否	七月	二十一	二十二	二十三	申	三陰	含章可貞
觀	八月	二十四		二十五	酉	四陰	括囊無咎
剝	九月	二十六	二十七	二十八	戌	五陰	黃裳元吉
坤	十月	二十九		三十	亥	六陰	龍戰於野

事變章

卦者，事也。爻者，事之時也。卦變，事變也。爻變㊀，時變也。觀爻察變，則能趨時獲利；觀象玩占，則能趨吉避凶。察變之要，貴在潛神入虛，寂則能見事之幾微，知幾則能隨時變易，以從道也。

校勘記

㊀「變」，原本作「者」，疑誤，據其文意改作。

周易尚占　卷下畢

附

皇恩大赦

正戌二丑三到辰，四未五酉六卯輪，七亥八午九子上，十月原來卻在寅。十一月中居巳位，十二月中卻在申，有人坐罪官事散，病者亦須得離身。

大殺

正	戌
二	巳
三	午
四	未
五	寅
六	卯
七	辰
八	亥
九	子
十	丑
十一	申
十二	酉

天喜

春戌夏丑為天喜，秋辰冬未三三止，世上遇此必歡欣，百事得之皆有理。

天德方

正丁二坤宮，三壬四辛同，五乾六甲上，七癸八艮逢，九丙十居乙，子巽丑庚中。

三殺方

正五九月正臨東，二六十月北相逢，三七十一西不去，四八十二南不通。

煞轉

甲己子午九，乙庚丑未八，丙辛寅申七，丁壬卯酉六，戊癸辰戌五，巳亥從來四。

九空地

正辰二丑三戌方，四未五卯六子傍，七酉八午九寅位，十亥子申丑巳鄉。

及腳敗

龍蛇鼠兮嫌逢火，豬犬羊人敗木方，虎兔馬人忌水厄，猴雞牛命忌金鄉。

起十隔

正七寅，二八子，三九戌，四十申，五十一午，六十二辰。天林地神火，山鬼亡水州。

渾天甲子裝卦用

八卦／爻位	乾金	坎水	艮土	震木	巽木	離火	坤土	兌金
上　爻	壬戌	戊子	丙寅	庚戌	辛卯	己巳	癸酉	丁未
五　爻	壬申	戊戌	丙子	庚申	辛巳	己未	癸亥	丁酉
四　爻	壬午	戊申	丙戌	庚午	辛未	己酉	癸丑	丁亥
三　爻	甲辰	戊午	丙申	庚辰	辛酉	己亥	乙卯	丁丑
二　爻	甲寅	戊辰	丙午	庚寅	辛亥	己丑	乙巳	丁卯
初　爻	甲子	戊寅	丙辰	庚子	辛丑	己卯	乙未	丁巳

附錄一

《四庫全書總目提要·卷一百十一·子部二十一·術數類存目二·附錄》

△《周易尚占》·三卷（兵部侍郎紀昀家藏本）

不著撰人名氏。前有大德丁未寶巴序，稱為瑩蟾子·李清庵作。按元·李之純，號清庵，又號瑩蟾子。有《中和集》，別著錄，則此書乃之純撰也。其書分十八部，皆論易課斷法，與今卜筮㊀術相類，惟於六神之外，兼論神煞吉凶，則與今稍別。案寶巴有《易體用》十卷，中分三書，其第三書為《周易尚占》三卷，書名、卷數皆與此書相同。然世無傳本，或因寶巴之序，疑此即寶巴之佚書，則誤甚矣。

校勘記

㊀「卜筮」，原本作「卜肆」，疑誤，據其文意改作。

附錄二

《四庫全書總目提要·卷四·經部四》

△071《易原奧義》·一卷、《周易原旨》·六卷（內府藏本）元保八撰。

保八字普菴，色目人，居於洛陽。是書前有《進太子箋》，結銜稱「太中大夫前黃州路總管兼管內勸農事」。又有任士林《序》，稱「貳卿寶公」。不知其終於何官也。《箋》末不題年月。

黃虞稷《千頃堂書目》，稱舊有方回、牟巘二《序》。按回、巘皆宋末舊人，則保八為元初人矣。

是書原分三種，統名《易體用》，本程子之說，即卦體以闡卦用也。朱彝尊《經義考》載：「《易原奧義》一卷，存。《周易原旨》六卷，存。《周易尚占》三卷，佚」。

考陳繼《儒匯秘笈》中有《周易尚占》三卷，書名與卷數並符。書前又有大德丁未保八《序》，人名亦合。然《序》稱為瑩蟾子李清庵撰，不云保八自作。其書乃用錢代蓍之法，以六爻配十二時、五行、六親、六神，合月建日辰以斷吉凶，亦非尚占之本義。《序》文鄙陋，尤不類讀書人語。蓋方技家傳有是書，與保八佚書，其名偶合。

明人喜作偽本，遂撰保八《序》文以影附之。不知保八說《易》，並根柢宋儒，闡發義理，無一字涉京、焦讖緯之說，其肯以此書當古占法哉？今辨明其妄，別存目於「術數類」中，而保八原書則仍以所存二種著錄，庶闕而真，猶勝於全而偽焉。

校注參考文獻資料

《易經》
《易隱》
《史記》
《宋史》
《京氏易傳》
《增刪卜易》
《卜筮全書》
《周易本義》
《太極圖說》
《御定卜筮精蘊》
《大易斷例卜筮元龜》

占筮類			
1	擲地金聲搜精秘訣	心一堂編	沈氏研易樓藏稀見易占秘鈔本
2	卜易拆字秘傳百日通	心一堂編	
3	易占陽宅六十四卦秘斷	心一堂編	火珠林占陽宅風水秘鈔本
星命類			
4	斗數宣微	【民國】王裁珊	民初最重要斗數著述之一；未刪改本
5	斗數觀測錄	【民國】王裁珊	失傳民初斗數重要著作
6	《地星會源》《斗數綱要》合刊	心一堂編	失傳的第三種飛星斗數
7	《斗數秘鈔》《紫微斗數之捷徑》合刊	心一堂編	珍稀「紫微斗數」舊鈔秘本
8	斗數演例	心一堂編	
9	紫微斗數全書（清初刻原本）	題【宋】陳希夷	斗數全書本來面目；有別於錯誤極多的坊本
10－12	鐵板神數（清刻足本）——附秘鈔密碼表	題【宋】邵雍	無錯漏原版秘鈔密碼表　首次公開！
13－15	蠢子數纏度	題【宋】邵雍	蠢子數連密碼表　打破數百年秘傳　首次公開！
16－19	皇極數	題【宋】邵雍	清鈔孤本附起例及完整密碼表　研究神數必讀！
20－21	邵夫子先天神數	題【宋】邵雍	附手鈔密碼表　研究神數必讀！
22	八刻分經定數（密碼表）	題【宋】邵雍	皇極數另一版本；附手鈔密碼表
23	新命理探原	【民國】袁樹珊	子平命理必讀教科書！
24－25	袁氏命譜	【民國】袁樹珊	
26	韋氏命學講義	【民國】韋千里	民初二大命理家南袁北韋
27	千里命稿	【民國】韋千里	
28	精選命理約言	【民國】韋千里	北韋之命理經典
29	滴天髓闡微——附李雨田命理初學捷徑	【民國】袁樹珊、李雨田	命理經典未刪改足本
30	段氏白話命學綱要	【民國】段方	民初命理經典最淺白易懂
31	命理用神精華	【民國】王心田	學命理者之寶鏡

32	命學探驪集	【民國】張巢雲	發前人所未發 稀見民初子平命理著作
33	澹園命談	【民國】高澹園	
34	算命一讀通——鴻福齊天	【民國】不空居士、覺先居士合纂	
35	子平玄理	【民國】施惕君	
36	星命風水秘傳百日通	心一堂編	
37	命理大四字金前定	題【晉】鬼谷子王詡	源自元代算命術
38	命理斷語義理源深	心一堂編	稀見清代批命斷語及活套
39－40	文武星案	【明】陸位	失傳四百年《張果星宗》姊妹篇 千多星盤命例 研究命學必備
相術類			
41	新相人學講義	【民國】楊叔和	失傳民初白話文相術書
42	手相學淺說	【民國】黃龍	民初中西結合手相學經典
43	大清相法	心一堂編	重現失傳經典相書
44	相法易知	心一堂編	
45	相法秘傳百日通	心一堂編	
堪輿類			
46	靈城精義箋	【清】沈竹礽	沈氏玄空遺珍 玄空風水必讀
47	地理辨正抉要	【清】沈竹礽	
48	《玄空古義四種通釋》《地理疑義答問》合刊	沈瓞民	
49	《沈氏玄空吹虀室雜存》《玄空捷訣》合刊	【民國】申聽禪	
50	漢鏡齋堪輿小識	【民國】查國珍、沈瓞民	失傳已久的無常派玄空經典
51	堪輿一覽	【清】孫竹田	
52	章仲山挨星秘訣（修定版）	【清】章仲山	章仲山無常派玄空珍秘 門內秘本首次公開 沈竹礽等大師尋覓一生未得之珍本！
53	臨穴指南	【清】章仲山	
54	章仲山宅案附無常派玄空秘要	心一堂編	
55	地理辨正補	【清】朱小鶴	玄空六派蘇州派代表作
56	陽宅覺元氏新書	【清】元祝垚	簡易・有效・神驗之玄空陽宅法
57	地學鐵骨秘　附　吳師青藏命理大易數	【民國】吳師青	釋玄空廣東派地學之秘
58－61	四秘全書十二種（清刻原本）	【清】尹一勺	玄空湘楚派經典本來面目 有別於錯誤極多的坊本

62	地理辨正補註　附 元空秘旨　天元五歌　玄空精髓　心法秘訣等數種合刊	【民國】胡仲言	貫通易理、巒頭、三元、三合、天星、中醫
63	地理辨正自解	【清】李思白	公開玄空家「分率尺、工部尺、量天尺」之秘
64	許氏地理辨正釋義	【民國】許錦灝	民國易學名家黃元炳力薦
65	地理辨正天玉經內傳要訣圖解	【清】程懷榮	秘訣一語道破，圖文并茂
66	謝氏地理書	【民國】謝復	玄空體用兼備、深入淺出
67	論山水元運易理斷驗、三元氣運說附紫白訣等五種合刊	【宋】吳景鸞等	失傳古本《玄空秘旨》《紫白訣》
68	星卦奧義圖訣	【清】施安仁	三元玄空門內秘笈　清鈔孤本 過去均為必須守秘不能公開秘密 與今天流行飛星法不同
69	三元地學秘傳	【清】何文源	
70	三元玄空挨星四十八局圖說	心一堂編	
71	三元挨星秘訣仙傳	心一堂編	
72	三元地理正傳	心一堂編	
73	三元天心正運	心一堂編	
74	元空紫白陽宅秘旨	心一堂編	
75	玄空挨星秘圖　附 堪輿指迷	心一堂編	
76	姚氏地理辨正圖說　附 地理九星并挨星真訣全圖　秘傳河圖精義等數種合刊	【清】姚文田等	蓮池心法　玄空六法 門內秘鈔本首次公開
77	元空法鑑批點本——附 法鑑口授訣要、秘傳玄空三鑑奧義匯鈔　合刊	【清】曾懷玉等	
78	元空法鑑心法	【清】曾懷玉等	
79	曾懷玉增批蔣徒傳天玉經補註【新修訂版原（彩）色本】	【清】項木林、曾懷玉	
80	地理學新義	【民國】俞仁宇撰	揭開連城派風水之秘
81	地理辨正揭隱（足本）　附連城派秘鈔口訣	【民國】王邈達	
82	趙連城傳地理秘訣附雪庵和尚字字金	【明】趙連城	
83	趙連城秘傳楊公地理真訣	【明】趙連城	
84	地理法門全書	仗溪子、芝罘子	巒頭風水，內容簡核、深入淺出
85	地理方外別傳	【清】熙齋上人	巒頭形勢、「望氣」「鑑神」
86	地理輯要	【清】余鵬	集地理經典之精要
87	地理秘珍	【清】錫九氏	巒頭、三合天星，圖文並茂
88	《羅經舉要》附《附三合天機秘訣》	【清】賈長吉	清鈔孤本羅經、三合訣法圖解
89-90	嚴陵張九儀增釋地理琢玉斧巒	【清】張九儀	清初三合風水名家張九儀經典清刻原本！

91	地學形勢摘要	心一堂編	形家秘鈔珍本
92	《平洋地理入門》《巒頭圖解》合刊	【清】盧崇台	平洋水法、形家秘本
93	《鑒水極玄經》《秘授水法》合刊	【唐】司馬頭陀、【清】鮑湘襟	千古之秘，不可妄傳匪人
94	平洋地理闡秘	心一堂編	雲間三元平洋形法秘鈔珍本
95	地經圖說	【清】余九皋	形勢理氣、精繪圖文
96	司馬頭陀地鉗	【唐】司馬頭陀	流傳極稀《地鉗》
97	欽天監地理醒世切要辨論	【清】欽天監	公開清代皇室御用風水真本
三式類			
98－99	大六壬尋源二種	【清】張純照	六壬入門、占課指南
100	六壬教科六壬鑰	【民國】蔣問天	由淺入深，首尾悉備
101	壬課總訣	心一堂編	過去術家不外傳的珍稀六壬術秘鈔本
102	六壬秘斷	心一堂編	
103	大六壬類闡	心一堂編	
104	六壬秘笈——韋千里占卜講義	【民國】韋千里	六壬入門必備
105	壬學述古	【民國】曹仁麟	依法占之，「無不神驗」
106	奇門揭要	心一堂編	集「法奇門」、「術奇門」精要
107	奇門行軍要略	【清】劉文瀾	條理清晰、簡明易用
108	奇門大宗直旨	劉毗	天下孤本　首次公開
109	奇門三奇干支神應	馮繼明	虛白盧藏本《秘藏遁甲天機》
110	奇門仙機	題【漢】張子房	
111	奇門心法秘纂	題【漢】韓信（淮陰侯）	奇門不傳之秘　應驗如神
112	奇門廬中闡秘	題【三國】諸葛武侯註	
選擇類			
113－114	儀度六壬選日要訣	【清】張九儀	清初三合風水名家張九儀擇日秘傳
115	天元選擇辨正	【清】一園主人	釋蔣大鴻天元選擇法
其他類			
116	述卜筮星相學	【民國】袁樹珊	民初二大命理家南袁北韋
117－120	中國歷代卜人傳	【民國】袁樹珊	南袁之術數經典

占筮類			
121	卜易指南(二種)	【清】張孝宜	民國經典，補《增刪卜易》之不足
122	未來先知秘術——文王神課	【民國】張了凡	內容淺白、言簡意賅、條理分明
星命類			
123	人的運氣	汪季高(雙桐館主)	五六十年香港報章專欄結集！
124	命理尋源	【民國】徐樂吾	民國三大子平命理家徐樂吾必讀經典！
125	訂正滴天髓徵義		
126	滴天髓補註 附 子平一得		
127	窮通寶鑑評註 附 增補月談賦 四書子平		
128	古今名人命鑑		
129-130	紫微斗數捷覽(明刊孤本)[原(彩)色本] 附 點校本 (上)(下)	馮一、心一堂術數古籍整理編校小組 整理	明刊孤本 首次公開！
131	命學金聲	【民國】黃雲樵	民國名人八字、六壬奇門推命
132	命數叢譚	【民國】張雲溪	子平斗數共通、百多民國名人命例
133	定命錄	【民國】張一蟠	民國名人八十三命例詳細生平
134	《子平命術要訣》《知命篇》合刊	【民國】鄒文耀、【民國】胡仲言 撰	《子平命術要訣》科學命理；《知命篇》易理皇極、命理地理、奇門六壬互通
135	科學方式命理學	閻德潤博士	匯通八字、中醫、科學原理！
136	八字提要	韋千里	民國三大子平命理家韋千里必讀經典！
137	子平實驗錄	【民國】孟耐園	作者四十多年經驗 占卜奇靈 名震全國！
138	民國偉人星命錄	【民國】囂囂子	幾乎包括所民初總統及國務總理八字！
139	千里命鈔	韋千里	失傳民初三大命理家-韋千里 代表作
140	斗數命理新篇	張開卷	現代流行的「紫微斗數」內容及形式上深受本書影響
141	哲理電氣命數學——子平部	【民國】彭仕勛	命局按三等九級格局、不同術數互通借用
142	《人鑑——命理存驗・命理擷要》(原版足本)附《林庚白家傳》	【民國】林庚白	傳統子平學修正及革新、大量名人名例
143	《命學苑苑刊——新命》(第一集)附《名造評案》《名造類編》等	【民國】林庚白、張一蟠等撰	史上首個以「唯物史觀」來革新子平命學結集
相術類			
144	中西相人採原	【民國】袁樹珊	按人生百歲，所行部位，分類詳載
145	新相術	【美國】字拉克福原著、【民國】沈有乾編譯	通過觀察人的面相身形、色澤舉止等，得知性情、能力、習慣、優缺點等
146	骨相學	【民國】風萍生編著	結合醫學中生理及心理學，影響近代西、日、中相術深遠
147	人心觀破術 附運命與天稟	【日本】管原如庵、加藤孤雁原著，【民國】唐真如譯	觀破人心、運命與天稟的奧妙

148	《人相學之新研究》《看相偶述》合刊	盧毅安	集中外大成，無不奇驗；影響近代香港相術名著
149	冰鑑集	【民國】碧湖鷗客	各家相法精華、相術捷徑、圖文並茂附名人照片
150	《現代人相百面觀》《相人新法》合刊	【民國】吳道子輯	失傳民初相學經典二種　重現人間！
151	性相論	【民國】余晉龢	民初北平公安局專論相學與犯罪專著（犯罪學生物學派）
152	《相法講義》《相理秘旨》合刊	韋千里、孟瘦梅	命理學大家韋千里經典、傳統相術秘籍精華
153	《掌形哲學》附《世界名人掌形》《小傳》	【民國】余萍客	圖文并茂、附歐美名人掌形圖及生平簡介
154	觀察術	【民國】吳貴長	可補充傳統相術之不足
堪輿類			
155	羅經消納正宗	【明】沈昇撰、【明】史自成、丁孟章合纂	失傳四庫存目珍稀風水古籍
156	風水正原	【清】余天藻	●積德為求地之本，形家必讀！
157	安溪地話（風水正原二集）		●純宗形家，與清代欽天監地理風水主張大致相同
158	《蔣子挨星圖》附《玉鑰匙》	傳【清】蔣大鴻等	窺知無常派章仲山一脈真傳奧秘
159	樓宇寶鑑	吳師青	陽宅風水必讀、現代城市樓宇風水看法改革
160	《香港山脈形勢論》《如何應用日景羅經》合刊		香港風水山脈形勢專著
161	三元真諦稿本──讀地理辨正指南	【民國】王元極	被譽為蔣大鴻、章仲山後第一人 內容直接了當，盡揭三元玄空家之秘
162	三元陽宅萃篇		
163	王元極增批地理冰海　附批點原本地理冰海	【清】高守中　【民國】王元極	
164	地理辨正發微	【清】唐南雅	極之清楚明白，披肝露膽
165-167	增廣沈氏玄空學　附　仲山宅斷秘繪稿本三種、自得齋地理叢說稿鈔本（上）（中）（下）	【清】沈竹礽	玄空必讀經典！附《仲山宅斷》幾種鈔本及批點本，畫龍點晴、披肝露膽，道中刊印本未點破的秘訣
168-169	巒頭指迷（上）（下）	【清】尹貞夫原著、【民國】何廷珊增訂、批注	圖文并茂：龍、砂、穴、水、星辰九十九變 洩漏天機：蔣大鴻、賴布衣挨星秘訣及用法
170-171	三元地理真傳（兩種）（上）（下）	【清】趙文鳴	蔣大鴻嫡派真傳張仲馨一脈二十種家傳秘本、宅墓案例三十八圖，並附天星擇日
172	三元宅墓圖　附　家傳秘冊		
173	宅運撮要	【民國】尤惜陰（演本法師）、榮柏雲	撮三集《宅運新案》之精要
174	章仲山秘傳玄空斷驗筆記　附　章仲山斷宅圖註	【清】章仲山傳、【清】唐鷺亭纂	無常派玄空不外傳秘中秘！二宅實例有斷驗及改造內容
175	汪氏地理辨正發微　附　地理辨正真本	【清】蔣大鴻、姜垚原著、【清】汪云吾發微	蔣大鴻嫡派張仲馨一脈三元理、法、訣具體泄露
176	蔣大鴻家傳歸厚錄汪氏圖解	【清】蔣大鴻、【清】汪云吾圖解	
177	蔣大鴻嫡傳三元地理秘書十一種批注	【清】蔣大鴻原著、【清】汪云吾、【清】劉樂山註	三百年來最佳《地理辦正》註解！石破天驚！

178	《星氣(卦)通義(蔣大鴻秘本四十八局圖并打劫法)》《天驚秘訣》合刊	題【清】蔣大鴻 著	江西興國真傳三元風水秘本
179	蔣大鴻嫡傳天心相宅秘訣全圖附陽宅指南等秘書五種	【清】蔣大鴻編訂、【清】汪云吾、劉樂山註	蔣大鴻徒張仲馨秘傳陽宅風水「教科書」！
180	家傳三元地理秘書十三種		真天宮之秘 千金不易之寶
181	章仲山門內秘傳《堪輿奇書》附《天心正運》	【清】章仲山傳、【清】華湛恩	直洩無常派章仲山玄空風水不傳之秘
182	《挨星金口訣》、《王元極增批補圖七十二葬法訂本》合刊	[民國]王元極	秘中秘——玄空挨星真訣公開！字字千金！
183-184	《家傳三元古今名墓圖集附謝氏水鉗》《蔣氏三元名墓圖集》合刊(上)(下)	(清)孫景堂，劉樂山，張稼夫	蔣大鴻嫡傳風水宅案、幕講師、蔣大鴻、姜垚等名家多個實例，破禁公開！
185-186	《山洋指迷》足本兩種 附《尋龍歌》(上)(下)	【明】周景一	風水巒頭形家必讀《山洋指迷》足本！
187-196	蔣大鴻嫡傳水龍經注解 附 虛白廬藏珍本水龍經四種(1-10)	【清】蔣大鴻編訂、【清】楊臥雲、汪云吾、劉樂山註	蔣大鴻嫡傳一脈授徒秘笈 希世之寶 千年以來，師師相授之秘旨，破禁公開！完整了解蔣氏嫡派真傳一脈三元理、法、訣！附已知最古《水龍經》鈔本等五種稀見《水龍經》
197	批注地理辨正直解	【清】章仲山	無常派玄空必讀經典未刪改本！
198	《天元五歌闡義》附《元空秘旨》(清刻原本)		
199	心眼指要(清刻原本)		
200	華氏天心正運	【清】華湛恩	
201-202	批注地理辨正再辨直解合編(上)(下)	【清】蔣大鴻原著、【清】姚銘三再註、【清】章仲山直解	失傳姚銘三玄空經典重現人間！名家：沈竹礽、王元極推薦！
203	章仲山注《玄機賦》《元空秘旨》附《口訣中秘訣》《因象求義》等九種合刊	【清】章仲山	近三百年來首次公開！章仲山無常派玄空秘密，和盤托出！
204	章仲山門內真傳《三元九運挨星篇》《運用篇》《挨星定局篇》《口訣篇》等合刊	【清】章仲山、柯遠峰等	章仲山注《玄機賦》及章仲山原傳之口訣及筆記
205	章仲山門內真傳《大玄空秘圖訣》《天驚訣》《飛星要訣》《九星斷略》《得益錄》等合刊	【清】章仲山、冬園子等	
206	撼龍經真義	吳師青註	近代香港名家吳師青必讀經典
207	章仲山嫡傳《翻卦挨星圖》《秘鈔元空秘旨》附《秘鈔天元五歌闡義》	【清】章仲山傳、【清】王介如輯撰	透露章仲山家傳玄空嫡傳學習次弟及關鍵不傳之秘
208	章仲山嫡傳秘鈔《秘圖》《節錄心眼指要》合刊		
209	《談氏三元地理大玄空實驗》附《談養吾秘稿奇門占驗》	【民國】談養吾撰	史上首次公開「無常派」下卦起星等挨星秘密之書
210	《談氏三元地理濟世淺言》附《打開一條生路》		了解談氏入世的易學卦德爻象思想
211-215	《地理辨正集註》附《六法金鎖秘》《巒頭指迷真詮》《作法雜綴》等(1-5)	【清】尋緣居士	集《地理辨正》一百零八家註解大成精華 匯巒頭及蔣氏、六法、無常、湘楚等秘本 史上最大篇幅的《地理辨正》註解
216	三元大玄空地理二宅實驗(足本修正版)	【民國】尤惜陰(演本法師)、榮柏雲撰	三元玄空無常派必讀經典足本修正版

217	蔣徒呂相烈傳《幕講度針》附《元空秘斷》《陰陽法竅》《挨星作用》	【清】呂相烈	蔣大鴻門人呂相烈三元秘本 三百年來首次破禁公開！
218	挨星撮要（蔣徒呂相烈傳）		
219-221	《沈氏玄空挨星圖》《沈註章仲山宅斷未定稿》《沈氏玄空學（四卷原本）》合刊（上中下）	【清】沈竹礽　等	揭開沈氏玄空挨星五行吉凶斷的變化及不同用法 章仲山宅斷未刪本、沈氏玄空學原本佚文、玄空挨星圖稿鈔本　大公開！
222	地理穿透真傳（虛白廬藏清初刻原本）	【清】張九儀	三合天星家宗師張九儀畢生地學精華結集
223-224	地理元合會通二種（上）（下）	【清】姚炳奎	分發兩家（三元、三合）之秘，會通其用 詳解注羅盤（蔣盤、賴盤）；義理、斷驗俱精
其他類			
225	天運占星學　附　商業周期、股市粹言	吳師青	天星預測股市，神準經典
226	易元會運	馬翰如	《皇極經世》配卦以推演世運與國運
三式類			
227	大六壬指南（清初木刻五卷足本）		六壬學占驗課案必讀經典海內善本
228-229	甲遁真授秘集（批注本）（上）（下）	【清】薛鳳祚	明清皇家欽天監秘傳奇門遁甲 奇門、易經、皇極經世結合經典
230	奇門詮正	【民國】曹仁麟	簡易、明白、實用，無師自通！
231	大六壬探源	【民國】袁樹珊	民初三大命理家袁樹研究六壬四十餘年代表作
232	遁甲釋要	【民國】徐昂	推衍遁甲、易學、洛書九宮大義！
233	《六壬卦課》《河洛數釋》《演玄》合刊		疏理六壬、河洛數、太玄隱義！
234	六壬指南（【民國】黃企喬）	【民國】黃企喬	失傳經典　大量實例
選擇類			
235	王元極校補天元選擇辨正	原【清】謝少暉輯、【民國】王元極校補	三元地理天星選日必讀
236	王元極選擇辨真全書　附　秘鈔風水選擇訣	【民國】王元極	王元極天昌館選擇之要旨
237	蔣大鴻嫡傳天星選擇秘書注解三種	【清】蔣大鴻編訂、【清】楊臥雲、汪云吾、劉樂山註	蔣大鴻陰陽二宅天星擇日日課案例！
238	增補選吉探源	【民國】袁樹珊	按表檢查，按圖索驥：簡易、實用！
239	《八風考略》《九宮撰略》《九宮考辨》合刊	沈瓞民	會通沈氏玄空飛星立極、配卦深義
其他類			
240	《中國原子哲學》附《易世》《易命》	馬翰如	國運、世運的推演及預言

心一堂術數古籍整理叢刊

全本校註增刪卜易	【清】野鶴老人	李凡丁（鼎升）校註
紫微斗數捷覽（明刊孤本）附點校本	傳【宋】陳希夷	馮一、心一堂術數古籍整理小組點校
紫微斗數全書古訣辨正	傳【宋】陳希夷	潘國森辨正
應天歌（修訂版）附格物至言	【宋】郭程撰　傳	莊圓整理
壬竅	【清】無無野人小蘇郎逸	劉浩君校訂
奇門祕覈（臺藏本）	【元】佚名	李鏘濤、鄭同校訂
臨穴指南選註	【清】章仲山　原著	梁國誠選註
皇極經世真詮—國運與世運	【宋】邵雍　原著	李光浦

心一堂當代術數文庫

增刪卜易之六爻古今分析	愚人
命理學教材（第一級）	段子昱
命理學教材　之　五行論命口訣	段子昱
斗數詳批蔣介石	潘國森
潘國森斗數教程（一）：入門篇	潘國森
紫微斗數登堂心得：三星秘訣篇——潘國森斗數教程（二）	潘國森
紫微斗數不再玄	犂民
玄空風水心得（增訂版）（附流年催旺化煞秘訣）	李泗達
玄空風水心得（二）——沈氏玄空學研究心得（修訂版）附流年飛星佈局	李泗達
廖氏家傳玄命風水學（一）——基礎篇及玄關地命篇	廖民生
廖氏家傳玄命風水學（二）——玄空斗秘篇	廖民生
廖氏家傳玄命風水學（三）——楊公鎮山訣篇附斷驗及調風水	廖民生
廖氏家傳玄命風水學（四）——秘訣篇：些子訣、兩元挨星、擇吉等	廖民生
《象數易——六爻透視：入門及推斷》修訂版	愚人
《象數易——六爻透視　財股兩望》	愚人
《象數易——六爻透視：病在何方》	愚人
《象數易——六爻透視：自身揭秘》	愚人
命卜隨筆	林子傑

心一堂易學經典文庫 已出版及即將出版書目

宋本焦氏易林（上）（下）	【漢】焦贛
周易易解（原版）（上）（下）	【清】沈竹礽
《周易示兒錄》附《周易說餘》	【清】沈竹礽
三易新論（上）（中）（下）	沈瓞民
《周易孟氏學》《周易孟氏學遺補》《孟氏易傳授考》	沈瓞民
京氏易八卷（清《木犀軒叢書》刊本）	【漢】京房
京氏易傳古本五種	【漢】京房
京氏易傳箋註	【民國】徐昂
推易始末	【清】毛奇齡
刪訂來氏象數圖說	【清】張恩霨
周易卦變解八宮說	【清】吳灌先
易觸	【清】賀子翼
易義淺述	何遯翁